V&R

Martin Holtermann

Basiswortschatz Platon

Zur Vorbereitung auf das Graecum

2., überarbeitete Auflage

Vandenhoeck & Ruprecht

Bibliografische Information der Deutschen Nationalbibliothek

Die Deutsche Nationalbibliothek verzeichnet diese Publikation in der Deutschen Nationalbibliografie; detaillierte bibliografische Daten sind im Internet über http://dnb.d-nb.de abrufbar.

ISBN 978-3-525-72001-1

Umschlagabbildung und Abbildung S. 2:
Römische Bildnisherme, 3. Jh. n. Chr. (Neapel, Mus. Arch. Naz. Inv. 6415), nach einem Original des Lysipp, um 320 v. Chr. (sogenannter Typus B); zur Inschrift vgl. unten S. 58, Nr. 267.2.

© 2014 Vandenhoeck & Ruprecht GmbH & Co. KG, Göttingen/
Vandenhoeck & Ruprecht LLC, Bristol, CT, U.S.A.
www.v-r.de
Alle Rechte vorbehalten. Das Werk und seine Teile sind urheberrechtlich geschützt. Jede Verwertung in anderen als den gesetzlich zugelassenen Fällen bedarf der vorherigen schriftlichen Einwilligung des Verlages.
Printed in Germany.

Druck und Bindung: ⊕ Hubert & Co., Göttingen

Gedruckt auf alterungsbeständigem Papier.

Inhalt

Benutzungshinweise 6

Zeichenerklärung 7

Basiswortschatz Platon 8

Übersetzungen der Beispielsätze 73

Belegstellenverzeichnis 86

Grammatische Aufschlüsselung 87

Der Wortschatz in absteigender Häufigkeit 91

Benutzungshinweise

Die ungefähr 350 Wörter dieses Wortschatzes decken über 87 % des Textbestandes von Platons *Euthyphron*, *Apologie* und *Kriton* ab. Diese drei Schriften bilden biographisch (sie spielen alle in den letzten Lebenstagen des Sokrates) und thematisch eine reizvolle Einheit; deshalb werden Auszüge aus ihnen gerne als erste griechische Originallektüre gelesen und zu Prüfungszwecken im Graecum eingesetzt. Mit diesem **Basiswortschatz** ist eine sichere Grundlage für die Lektüre dieser Schriften gegeben.

Aufnahme fanden alle Wörter, die in den drei Werken zusammen mindestens je sechs Mal vorkommen (die genaue Häufigkeit lässt sich der letzten Spalte des Wortschatzes entnehmen). Gelegentlich wurden Wörter, die ihrem Wortstamm nach verwandt oder in ihrer Semantik ähnlich sind, zu einem Eintrag zusammengefasst.

Viele **Lemmata** sind **mit Zusatzangaben** wie Genitiven, Steigerungsformen oder Konstruktionshinweisen sowie häufigeren Junkturen versehen. Bei unregelmäßigen Verben erscheinen die tatsächlich in den drei genannten Werken vorkommenden Stammformen in Normaldruck, die sonstigen in kleinerer Schriftgröße. Die angegebenen Bedeutungen sind daraufhin abgestimmt, wie die einzelnen Wörter in den drei Schriften hauptsächlich verwendet werden.

Für einen Großteil der Lernwörter wird deren Verwendung durch **Beispielsätze** aus den Originalschriften veranschaulicht. Sie stehen – mit derselben Nummer wie das zugehörige Wort – unten auf derselben Seite bzw. auf der Folgeseite. Die Beispielsätze sind meist gekürzt und zum Teil geringfügig verändert. Gehören Wörter in den Beispielsätzen nicht zu diesem Platon-Basiswortschatz, ist die Bedeutung jeweils angegeben (Ausnahme: leicht ableitbare oder mit dem Simplex bedeutungsgleiche Komposita). Bei flektierten Formen, deren Zurückführung auf die Grundform erfahrungsgemäß gerade Anfängern Schwierigkeiten bereitet, wird durch hochgestellte Ziffern auf die Grundform verwiesen. Die beigefügten Stellenbelege ermöglichen zudem, ggf. den Kontext und den Originalwortlaut nachzuschlagen;

sie sind nach der üblichen Einteilung von H. Stephanus gegeben. Dabei steht 2a bis 16a für den *Euthyphron*, 17a bis 42a für die *Apologie des Sokrates* und 43a bis 54e für den *Kriton*.

Auf weitere Beispielsätze, die das fragliche Wort in aussagekräftiger Weise enthalten, wird durch Angabe der jeweiligen Nummern verwiesen. Dadurch ergibt sich ein Netz, das die wichtigsten semantischen und syntaktischen Verwendungsweisen dieser Wörter sowie – in Auswahl – den Formenbestand abbildet.

Indem man die Beispielsätze selbst und möglichst eigenständig übersetzt, lässt sich das Übersetzen der genannten Platon-Texte effektiv trainieren. Zur Selbstkontrolle finden sich für alle Beispielsätze **Musterübersetzungen**, die den Aufbau des griechischen Originals transparent machen sollen.

Die **grammatische Aufschlüsselung der Beispielsätze** erlaubt, die für das Übersetzen ins Deutsche wichtigsten Phänomene der griechischen Grammatik an Platon-Originalsätzen gezielt zu üben.

Um auch eine andere Reihenfolge beim Lernen der Wörter als die alphabetische zu ermöglichen, wird der Wortschatz außerdem **in absteigender Häufigkeit** präsentiert.

In der **zweiten Auflage** sind etliche Versehen berichtigt und Inkonsequenzen beseitigt worden. Der Basiswortschatz ist dabei um fünf Lemmata auf 354 angewachsen.

Zeichenerklärung

↓ Beispielsatz/Beispielsätze unten auf der Seite
→ Verweis auf zusätzliche Beispielsätze mit diesem Wort
∅ Wort kann auch unübersetzt bleiben
≈ Text gegenüber dem Original geringfügig verändert

In den Musterübersetzungen:
( ) Erläuterungen
< > Zusätze
[ ] Auslassungen

Basiswortschatz Platon

1	**ἀγαθός**	gut, anständig	88
↓	ἀμείνων – ἄριστος		
	βελτίων – βέλτιστος		
	κρείττων – κράτιστος	*auch:* stärker – der stärkste	
2	**ἀγανακτέω**	sich ärgern, unwillig sein	7
3	**ἄγω**	führen, treiben	21
	ἄξω, ἤγαγον, ἦχα, ἦγμαι, ἤχθην		
4	**ὁ ἀδελφός**	Bruder	9
5	**ἀδικέω**	Unrecht tun	39
↓			
6	**ἄδικος**, -ος, -ον	ungerecht, unrecht	22

---

1   1) οὐκ ἔστιν ἀνδρὶ **ἀγαθῷ** κακὸν οὐδὲν οὔτε ζῶντι οὔτε τελευτήσαντι. (41d)   [→9.1+2, 186, 240.4, 255, 300, 330.1]
   2) τάχ', **ὠγαθέ, βέλτιον** εἰσόμεθα[227]. (10a)

5   Σωκράτη φησὶν **ἀδικεῖν** τούς τε νέους διαφθείροντα καὶ θεούς, οὓς ἡ πόλις νομίζει, οὐ νομίζοντα. (24b-c)   [→11]

7 ↓	ἀεί	immer; jeweils	9
8	ἡ αἰδώς, τῆς αἰδοῦς, τῇ αἰδοῖ, τὴν αἰδῶ	Scham; Ehrfurcht	8
9 ↓	αἱρέω αἱρήσω, εἷλον, ᾕρηκα, ᾕρημαι, ᾑρέθην	ergreifen; zu Fall bringen; *Med.:* wählen	13
10 ↓	αἰσθάνομαι αἰσθήσομαι, ᾐσθόμην, ᾔσθημαι	wahrnehmen, merken	6
11 ↓	αἰσχρός αἰσχίων – αἴσχιστος	hässlich, schändlich	11
12 ↓	αἰσχύνομαι αἰσχυνοῦμαι, ᾐσχύνθην	sich schämen; respektieren	9

---

7 [→245.2, 270.2]

9 1) ἃ δὴ πολλοὺς καὶ ἄλλους καὶ ἀγαθοὺς ἄνδρας **ᾕρηκεν**, οἶμαι δὲ καὶ ἐμὲ **αἱρήσει**. (≈28a-b)

2) χρὴ δέ, ἅπερ ἂν ἀνὴρ ἀγαθὸς καὶ ἀνδρεῖος *(tapfer)* **ἕλοιτο**, ταῦτα **αἱρεῖσθαι**. (45d)

10 **ᾐσθόμην** τῶν ποιητῶν διὰ τὴν ποίησιν *(Dichtkunst)* οἰομένων καὶ τἆλλα¹⁹ σοφωτάτων εἶναι ἀνθρώπων. (≈22c)

11 τό γε ἀδικεῖν τῷ ἀδικοῦντι καὶ κακὸν καὶ **αἰσχρὸν** τυγχάνει ὂν παντὶ τρόπῳ. (49b) [→184, 309]

12 χρημάτων οὐκ **αἰσχύνῃ** ἐπιμελούμενος, ὅπως σοι ἔσται ὡς πλεῖστα, καὶ δόξης καὶ τιμῆς *(Ehre)*; (29d) [→16, 91]

13 ↓	**ἀκούω** *mit Akk./Gen.* ἀκούσομαι, ἤκουσα, ἀκήκοα, ἤκουσμαι, ἠκούσθην	hören *(etw. von jmd.)*	39
14	**ἄκων**, ἄκουσα, ἄκον	unfreiwillig, ungern	8
15	**ἡ ἀλήθεια**	Wahrheit	12
16 ↓	**ἀληθής**, -ής, -ές • ὡς ἀληθῶς • ἀληθῆ λέγειν	wahr in Wirklichkeit, in der Tat die Wahrheit sagen, Recht haben	48
17 ↓	**ἀλλά**	1. aber; sondern 2. *beim Imperativ:* nun! los!	227
18	**ἀλλήλων**, -οις, -ους	einander	20

---

13 1) ὑμεῖς δέ μου **ἀκούσεσθε** πᾶσαν τὴν ἀλήθειαν. (17b)

2) ἐὰν διὰ τῶν αὐτῶν λόγων **ἀκούητέ** μου ἀπολογουμένου, δι' ὧνπερ[244] εἴωθα λέγειν καὶ ἐν ἀγορᾷ *(Marktplatz)*, ἵνα ὑμῶν πολλοὶ **ἀκηκόασι**, μήτε θαυμάζειν μήτε θορυβεῖν τούτου ἕνεκα. (17c-d) [→243.1, 284.1]

16 αἰσχύνομαι ὑμῖν εἰπεῖν, ὦ ἄνδρες, **τἀληθῆ**· ὅμως δὲ ῥητέον[197]. (22b) [→286]

17 **ἀλλ**' ἐμοὶ πείθου καὶ μὴ ἄλλως ποίει. (45a)

19	ἄλλος, -η, -ο	ein anderer	158
↓	τἆλλα = τὰ ἄλλα *(Krasis)*		
	• ἄλλως	auf andere Weise; sonst	
	• ἄλλως τε καί	zumal	
20	ἅμα *Adv.*	zugleich	6
↓	• mit Dat.	(zusammen) mit	
21	ἀμελέω *mit Gen.*	vernachlässigen, sich nicht kümmern um	6
22	ἀμφισβητέω	(be)streiten; behaupten	10
↓			
23	ἄν		249
↓	mit Optativ	*Potentialis:* könnte / wird wohl; *oft: Konj. II*	
	mit Ind. der Vgh.	*Irrealis*	
	mit Konj. in Nebensätzen	*Prospektiv/Iterativ*	

19	τῶν θεῶν, ὦ Εὐθύφρων, **ἄλλοι ἄλλα** δίκαια ἡγοῦνται κατὰ τὸν σὸν λόγον. (7e) [→151.3, vgl. 146.2]
20	1) τόδε δέ σου ἐνενόησα **ἅμα** λέγοντος· (...). (9c)
	2) ἠρώτων τοὺς ποιητάς, τί λέγοιεν, ἵν' **ἅμα** τι καὶ μανθάνοιμι παρ' αὐτῶν. (≈22b) [→238.2]
22	οὐκ ἄρα ἐκεῖνό γε **ἀμφισβητοῦσιν**, ὡς οὐ τὸν ἀδικοῦντα δεῖ διδόναι δίκην, ἀλλ' ἐκεῖνο ἴσως **ἀμφισβητοῦσιν**, τὸ τίς ἐστιν ὁ ἀδικῶν. (8d) [→252.1, 336]
23	1) οὐκ ἀφετέος[51] εἶ, πρὶν **ἂν** εἴπῃς τὴν ἀλήθειαν. (≈15d)

24 ↓	ἡ ἀνάγκη	Notwendigkeit, Zwang	11
25 ↓	ὁ ἀνήρ, τοῦ ἀνδρός • ὦ ἄνδρες Ἀθηναῖοι	Mann ihr Männer von Athen	102
26	ὁ ἄνθρωπος	Mensch	58
27	ἀνόσιος	gottlos; unrecht; frevelhaft	22
28 ↓	ἄξιος *(mit Gen.)*	wert, würdig; richtig	13
29 ↓	ἀξιόω	*(für richtig halten:)* 1. bitten; fordern 2. glauben	6

2) εἰ ἦν ὑμῖν νόμος, ὥσπερ καὶ ἄλλοις ἀνθρώποις, περὶ θανάτου μὴ μίαν ἡμέραν μόνον κρίνειν, ἀλλὰ πολλάς, ἐπείσθητε **ἄν**· νῦν δ᾽ οὐ ῥᾴδιον ἐν χρόνῳ ὀλίγῳ μεγάλας διαβολὰς ἀπολύεσθαι *(widerlegen)*. (37a-b)

3) ἔγωγε φαίην **ἂν** τοῦτο εἶναι τὸ ὅσιον, ὃ **ἂν** πάντες οἱ θεοὶ φιλῶσιν. (9e) [→246]

24 ὁρᾷς δή, ὅτι **ἀνάγκη**, ὦ Σώκρατες, καὶ τῆς τῶν πολλῶν δόξης μέλειν. (44d) [→64.1, 314]

25 [→1.1, 9.1+2, 185]

28 καὶ τοῦτο ποιοῦντι ἄρα **ἄξιόν** σοι ζῆν ἔσται; (53c)
[→187.2, 220, 288]

30 ↓	ἀπαλλάττομαι *mit Gen.* ἀπαλλάξομαι, ἀπηλλάγην, ἀπήλλαγμαι	befreit werden, sich losmachen von	7
31 ↓	ἅπας, ἅπασα, ἅπαν / σύμπας, -πασα, -παν	all, ganz, jeder	19
32 ↓	ἀπέρχομαι ἄπ-ειμι, ἀπ-ῆλθον *Inf.* ἀπ-ιέναι *Part.* ἀπ-ιών	weggehen, fortgehen	15
33 ↓	ἀπό *mit Gen.*	von, seit	11
34 ↓	ἀποθνῄσκω ἀποθανοῦμαι, ἀπέθανον *Perf.*: τέθνηκα (τεθνάναι, τεθνεώς)	sterben; getötet werden tot sein; sterben	38

---

29 διὰ τὸ τὴν τέχνην *(Handwerk)* καλῶς ἐξ-εργάζεσθαι ἕκαστος **ἠξίου** καὶ τἆλλα τὰ μέγιστα σοφώτατος εἶναι. (22d)
[→241.2, 243.1]

30 ἀλλά μοι δῆλόν ἐστι τοῦτο, ὅτι ἤδη τεθνάναι καὶ **ἀπηλλάχθαι** πραγμάτων βέλτιον ἦν μοι. (41d) [→153.2]

31 ἰτέον[101] οὖν ἦν ἐμοί, σκοποῦντι τὸν χρησμὸν *(Orakelspruch)*, τί λέγει, ἐπὶ **ἅπαντας** τούς τι δοκοῦντας εἰδέναι. (≈21e-22a)
[→43.2, 140, 157]

32 ἤδη ὥρα *(Zeit)* **ἀπιέναι**, ἐμοὶ μὲν ἀποθανουμένῳ, ὑμῖν δὲ βιωσομένοις. (42a)

33 ἀλλ᾽ οἴει, ὦ Σώκρατες, τοὺς θεοὺς ὠφελεῖσθαι **ἀπὸ** τούτων, ἃ παρ᾽ ἡμῶν λαμβάνουσιν; (15a) [→325]

35 ↓	ἀποκρίνομαι ἀποκρινοῦμαι, ἀπεκρινάμην	antworten	22

36 ↓	ἀποκτείνω ἀποκτενῶ, ἀπέκτεινα / ἔκτεινα *Inf. Präs. auch* ἀποκτεινύναι	töten; zum Tode verurteilen	23

37 ↓	ἀπόλλυμι ἀπολῶ, ἀπώλεσα, ἀπολώλεκα, ἀπόλωλα, ἀπωλόμην, ἀπολοῦμαι	vernichten, zugrunde richten, verlieren	10

38 ↓	ἀπολογέομαι ἀπολογήσομαι, ἀπελογησάμην	sich verteidigen	15

---

34 ἔστιν δὲ δὴ τῶν οἰκείων τις ὁ **τεθνεὼς** ὑπὸ τοῦ σοῦ πατρός; (4b)

35 ὡς ἐγὼ ἐζήτουν **ἀποκρίνασθαί** σε, οὕτω νῦν **ἀπεκρίνω**. (7a)
  [→124, 131.2, 144, 156.2, 225, 248.2]

36 [→55, 93.1, 317.1]

37 1) τὰ δ' ἐναντία τῶν τοῖς θεοῖς κεχαρισμένων *(Angenehmes)*
  ἀσεβῆ *(gottlos)*, ἃ δὴ καὶ ἀνατρέπει *(zerstören)* ἅπαντα καὶ
  ἀπόλλυσιν. (≈14b)   [→140, 335.2]

  2) εἰ ἐγὼ πάλαι ἐπεχείρησα πράττειν τὰ πολιτικὰ πράγματα,
  πάλαι ἂν **ἀπολώλη** (=ἀπωλώλειν). (31d)

38 1) νῦν οὖν, ὦ ἄνδρες Ἀθηναῖοι, πολλοῦ δέω ἐγὼ ὑπὲρ ἐμαυτοῦ
  ἀπολογεῖσθαι, ὥς τις ἂν οἴοιτο, ἀλλὰ ὑπὲρ ὑμῶν. (30d)

  2) ἃ μὲν ἐγὼ ἔχοιμ' ἂν **ἀπολογεῖσθαι**, σχεδόν ἐστι ταῦτα καὶ
  ἄλλα ἴσως τοιαῦτα. (34b)

39 ↓	ἀποφεύγω ἀποφεύξομαι, ἀπέφυγον, ἀποπέφευγα	entkommen; freigesprochen werden	6
40	ἄρα	also	38
41 ↓	ἄρα *(Fragepartikel)* • ἆρ' οὐ • ἆρα μή	∅ ... ? (etwa) nicht? etwa?	24
42	ἀρέσκω ἀρέσω, ἤρεσα	gefallen	8
43 ↓	ἡ ἀρετή	Leistung, Aufgabe; Tapferkeit, Tugend	15
44	ὁ ἀριθμός	Zahl	7
45 ↓	ἄρτι	eben, gerade	8

---

39   [→69]

41   „ἆρα οὐχ οὕτω;" — „οὕτω." (8a)   [→28]

43   1) τοῦτο ὑμῶν δέομαι αὐτὸ δὲ τοῦτο σκοπεῖν καὶ τούτῳ τὸν νοῦν προσέχειν, εἰ δίκαια λέγω ἢ μή· δικαστοῦ μὲν γὰρ αὕτη **ἀρετή**, ῥήτορος *(Redner)* δὲ τἀληθῆ λέγειν. (18a)

2) οὐκ ἐκ χρημάτων **ἀρετὴ** γίγνεται, ἀλλ' ἐξ **ἀρετῆς** χρήματα καὶ τὰ ἄλλα ἀγαθὰ τοῖς ἀνθρώποις ἅπαντα καὶ ἰδίᾳ καὶ δημοσίᾳ *(im öffentlichen Leben)*. (30b)   [→220]

45   [→311]

46 ↓	ἡ ἀρχή	Anfang; Herrschaft; Amt	14
47 ↓	ἄρχω ἄρξω, ἦρξα, ἦργμαι, ἤρχθην ἄρχομαι *(mit Gen./Inf.)* ἄρξομαι, ἠρξάμην	herrschen beginnen	9
48	ἀτεχνῶς	ohne weiteres, geradezu	7
49 ↓	αὖ / αὖθις	wieder; wiederum	27
50 ↓	αὐτός, αὐτή, αὐτό • ὁ αὐτὸς θεός • οἱ νόμοι αὐτοί • ἡ σοφία αὐτοῦ • ἐρήσομαι[144] αὐτόν	 derselbe Gott die Gesetze persönlich seine Weisheit ich werde ihn fragen	224

---

46 1) ἐγὼ ἄλλην μὲν **ἀρχὴν** οὐδεμίαν πώποτε ἦρξα[47] ἐν τῇ πόλει, ἐβούλευσα *(Ratsherr sein)* δέ. (32a-b) [→76]
2) πάλιν *(wieder)* εἰπὲ ἐξ **ἀρχῆς**, τί ἐστιν τό τε ὅσιον καὶ τὸ ἀνόσιον. (≈11b)

47 ὁ Μέλητος **ἀτεχνῶς** μοι δοκεῖ **ἄρχεσθαι** κακουργεῖν *(schaden)* τὴν πόλιν, ἐπιχειρῶν ἀδικεῖν σέ. (≈3a) [→46.1, 179.2, 230, 247.1]

49 **αὖθις** δὴ λάβωμεν **αὖ** τὴν τούτων ἀντωμοσίαν *(Anklage)*. (24b)

50 1) ποιητέον, ἃ ἂν κελεύῃ ἡ πόλις καὶ ἡ πατρίς, ἢ πείθειν **αὐτὴν**, ᾗ[157] τὸ δίκαιον πέφυκε *(ist)*. (51b-c) [20.2, 62, 188]
2) τίς **αὐτῶν** σοφός ἐστιν; (41b)

51 ↓	**ἀφίημι** *(zu ἵημι)* ἀφήσω, ἀφῆκα – ἀφετέος	freilassen, gehen lassen	10
52 ↓	**ἀφικνέομαι** ἀφίξομαι, ἀφικόμην, ἀφῖγμαι	(an)kommen	10
53	**ὁ βίος**	Leben	15
54 ↓	**(βιόω)** βιώσομαι, ἐβίων, βεβίωκα βιωτός	leben lebenswert	8
55 ↓	**βλάπτω** βλάψω, ἔβλαψα, βέβλαφα, βέβλαμμαι, ἐβλάβην	schädigen, schaden	7

---

3) τί δὲ οἱ θεοί; οὐκ εἴπερ τι διαφέρονται, δι' **αὐτὰ** ταῦτα διαφέροιντ' ἄν; (7d)   [→43.1, 100.1, 130, 187.2, 219, 229.2]

4) οὐ **ταὐτὸν** δ' ἐστίν, ἀλλὰ τὸ ἐναντιώτατον. (7a)   [13.2, 222.1]

5) Μέλητος ὡς διαφθείροντος τοὺς ἡλικιώτας *(Altersgenossen)* **αὐτοῦ** ἔρχεται κατηγορήσων μου. (≈2c)   [141, 323]

51 νῦν μὲν Ἀνύτῳ οὐ πεισόμεθα, ἀλλ' **ἀφίεμέν** σε. (29c)

52 τὸ πλοῖον *(Schiff)* **ἀφῖκται** ἐκ Δήλου, οὐ δεῖ **ἀφικομένου** τεθνάναι με; (43c-d)

54 ὁ ἀν-εξέταστος[128] βίος οὐ **βιωτὸς** ἀνθρώπῳ. (38a)

55 ἐάν με ἀποκτείνητε, οὐκ ἐμὲ μεῖζω **βλάψετε** ἢ ὑμᾶς αὐτούς. (30c)   [→100.2, 185, 251]

56 ↓	βουλεύομαι	überlegen, beschließen	8

57 ↓	βούλομαι *(2.Sg.:* βούλει/-ῃ*)* βουλήσομαι, ἐβουλήθην	wollen	29
	• ὁ βουλόμενος	jeder, der will; jeder beliebige	

58 ↓	γάρ	begründend: erläuternd: in Antworten:	denn, nämlich nämlich, ∅ ja, ... *(zustimmend)*	239
	• ἀλλὰ γάρ		aber (ja, aber ...; aber doch)	
	• ἦ γάρ; • καὶ γάρ		nicht wahr? denn; denn auch/sogar	

59	γε *(enklitisch)*	zwar, wenigstens; oft: ∅	142

---

56 ἀλλὰ **βουλεύου** – μᾶλλον δὲ οὐδὲ **βουλεύεσθαι** ἔτι ὥρα *(Zeit)*, ἀλλὰ **βεβουλεῦσθαι**. (46a)

57 εἰ οὕτω **βούλει**, ὦ Σώκρατες, καὶ οὕτω σοι φράσω. (6e)
[→150, 208, 315.2]

58 1) ὅρα δὴ τὸ μετὰ τοῦτο· εἰ **γὰρ** μέρος τὸ ὅσιον τοῦ δικαίου, δεῖ δὴ ἡμᾶς ἐξ-ευρεῖν τὸ ποῖον *(welcher)* μέρος ἂν εἴη τοῦ δικαίου τὸ ὅσιον. (12d)

2) „οὐκοῦν ὅτι διαφέρονται ἀλλήλοις οἱ θεοί, καὶ τοῦτο εἴρηται;" — „εἴρηται **γάρ**." (≈7b)

60 ↓	γίγνομαι γενήσομαι, ἐγενόμην, γέγονα	werden, entstehen; geboren werden; zuteil werden; geschehen	83
61 ↓	γιγνώσκω γνώσομαι, ἔγνων, ἔγνωκα	erkennen, kennen	9
62 ↓	ἡ γραφή	(Anklage-)Schrift, (öffentliche) Anklage	14
63 ↓	γράφω • (γραφὴν) γράφομαι *mit Akk.*	schreiben gegen jmd. eine Klage einreichen, jmd. anklagen	13

---

60 1) οὐκ ἀνέλπιστόν *(unerwartet)* μοι **γέγονεν** τὸ **γεγονὸς** τοῦτο. (36a)

2) ἐγὼ δὲ διδάσκαλος *(Lehrer)* μὲν οὐδενὸς πώποτ' **ἐγενόμην**. (33a)

3) „ἐπειδὴ δέ", φαίην ἂν οἱ νόμοι, „**ἐγένου** τε καὶ ἐξετράφης[323] καὶ ἐπαιδεύθης, ἔχοις ἂν εἰπεῖν, ὡς οὐχὶ ἡμέτερος ἦσθα ἔκγονος *(Abkömmling);"* (≈50e) [→82.2, 150, 217, 230, 247.1]

61 ἆρα **γνώσεται** Σωκράτης ὁ σοφὸς δὴ ἐμοῦ χαριεντιζομένου *(scherzen)* καὶ ἐναντί' ἐμαυτῷ λέγοντος; (27a)
[→229.2, 248.1, 274.2, 288]

62 οὔ-τοι δὴ Ἀθηναῖοί γε δίκην αὐτὴν καλοῦσιν *(nennen)*, ἀλλὰ **γραφήν**. (2a)

63 **γραφὴν** σέ τις, ὡς ἔοικε, **γέγραπται**. (2b)

64 ↓	τὸ δαιμόνιον	göttliches Wesen; göttliche Stimme	8
65 ↓	ὁ δαίμων, τοῦ δαίμονος	Gottheit	8
66	δέ	aber; und *(weiterführend)*; oft: ∅	329
67 ↓	(δείδω) δείσομαι, ἔδεισα, δέδοικα / δέδια	fürchten *Perf. mit Präs.-Bed.*	13
68 ↓	δεινός • δεινὸς λέγειν	furchtbar, gefährlich; fähig redegewandt	14

---

64 1) εἰ δὲ **δαιμόνια** νομίζω, καὶ δαίμονας δήπου πολλὴ ἀνάγκη νομίζειν μέ ἐστιν. (27c)

2) μανθάνω, ὦ Σώκρατες, ὅτι δὴ σὺ τὸ **δαιμόνιον** φῂς σαυτῷ ἑκάστοτε *(ab und zu)* γίγνεσθαι. (3b)　　　　[→205]

65　„τοὺς δὲ **δαίμονας** οὐχὶ θεούς γε ἡγούμεθα ἢ θεῶν παῖδας; φῂς ἢ οὔ;" — „πάνυ γε." (27d)

67　τὸ γάρ τοι θάνατον **δεδιέναι**, ὦ ἄνδρες, οὐδὲν ἄλλο ἐστὶν ἢ δοκεῖν σοφὸν εἶναι μὴ ὄντα. (29a)　　　　[→351.2]

68　1) ἐγὼ οὖν **δεινὰ** ἂν εἴην εἰργασμένος, εἰ τοῦ θεοῦ τάττοντος, ὡς ἐγὼ ᾠήθην[229], φιλοσοφοῦντά *(philosophieren)* με δεῖν ζῆν καὶ ἐξετάζοντα ἐμαυτὸν καὶ τοὺς ἄλλους, ἐνταῦθα δὲ φοβηθεὶς ἢ θάνατον ἢ ἄλλ᾽ ὁτιοῦν πρᾶγμα λίποιμι τὴν τάξιν *(die Stellung aufgeben)*. (28d-29a)

69 ↓	**δέομαι** *mit Gen./Akk.* δεήσομαι, ἐδεήθην	bitten; nötig haben, brauchen	19
70	**τὸ δέος**, τοῦ δέους	Furcht, Angst	8
71	**δεῦρο**	hierher	8
72 ↓	(**δέω**) • δεῖ • πολλοῦ δέω *mit Inf.*	 es ist nötig, man muss; *(verneint)* nicht dürfen ich bin weit entfernt davon, dass ich	64
73	**δή**	also; wirklich; oft: ∅	130
74 ↓	**δῆλος / κατάδηλος** • δῆλον ὅτι / δῆλον δή	offensichtlich; klar offensichtlich *(Adv.)*	25

---

	2) ἔλεγον, ὡς χρῆν ὑμᾶς εὐλαβεῖσθαι *(sich in Acht nehmen)*, μὴ ὑπ' ἐμοῦ ἐξαπατηθῆτε *(betrügen)* ὡς **δεινοῦ** ὄντος λέγειν. (17a-b) [→204]
69	οὐδὲ δίκαιόν μοι δοκεῖ εἶναι **δεῖσθαι** τοῦ δικαστοῦ οὐδὲ **δεόμενον** ἀποφεύγειν, ἀλλὰ διδάσκειν καὶ πείθειν. (35b-c) [→43.1, 114, 235]
72	[→38.1, 52, 58.1, 68.1, 187.2, 193.1, 241.2, 246, 334.2]
74	1) οὐ πρόθυμός *(willig)* με εἶ διδάξαι· **δῆλος** εἶ. (14c) 2) ἴθι[101] δή νυν, ὦ Μέλητε, εἰπὲ τούτοις· τίς τοὺς νεωτέρους βελτίους ποιεῖ; **δῆλον** γὰρ ὅτι οἶσθα, μέλον γέ σοι. (≈24d) [→30, 286]

75	**δήπου**		doch wohl, sicherlich	11
76 ↓	**διά**	mit Gen. mit Akk.	durch; mittels wegen	42
77 ↓	**διαβάλλω** διαβαλῶ, διέβαλον, διαβέβλημαι		verleumden	6
78 ↓	**ἡ διαβολή**		Verleumdung	12
79	**διαλέγομαι** *mit Dat.* διαλέξομαι, διελέχθην, διείλεγμαι		sich mit jmd. unterhalten, diskutieren	10
80 ↓	**διαφέρω** *mit Gen.*		sich unterscheiden	22
	διαφέρομαι *mit Dat.* διοίσομαι, διηνέχθην		uneins sein, (sich) streiten mit jmd.	

---

76 καὶ ἐγὼ ἴσως ἂν **διὰ** ταῦτα ἀπέθανον, εἰ μὴ ἡ ἀρχὴ **διὰ** ταχέων (kurz) κατελύθη (stürzen). (≈32d) [→13.2]

77 τί δὴ λέγοντες **διέβαλλον** οἱ **διαβάλλοντες**; (19b) [→212, 351.2]

78 αὕτη ἐστὶν ἡ **διαβολὴ** ἡ ἐμή. (24a) [→23.2]

80 1) περὶ τίνος δὲ δὴ **διενεχθέντες** ἐχθροί γε ἂν ἀλλήλοις εἶμεν; (7c) [→50.3, 58.2]

2) ἐγὼ δὲ τούτῳ καὶ ἐνταῦθα ἴσως **διαφέρω** τῶν πολλῶν ἀνθρώπων. (29b)

81 ↓	**διαφθείρω** διαφθερῶ, διέφθειρα, διέφθαρκα, διέφθαρμαι, διεφθάρην	verderben, vernichten	35
82 ↓	**διδάσκω** διδάξω, ἐδίδαξα, δεδίδαχα, δεδίδαγμαι, ἐδιδάχθην	unterrichten, lehren, informieren	29
83 ↓	**δίδωμι** δώσω, ἔδωκα, δέδωκα, δέδομαι, ἐδόθην – δοτέος • δίκην δίδωμι	geben bestraft werden	14
84 ↓	**δικάζω** **δικάζομαι** mit Dat.	Recht sprechen, entscheiden prozessieren (gegen jmd.)	8

---

81 ἔγωγε τῶν νέων τοὺς μὲν **διαφθείρω**, τοὺς δὲ **διέφθαρκα**. (33c-d)
[→316, 344]

82 1) ἴθι[101] νυν, ὦ φίλε Εὐθύφρων, **δίδαξον** καὶ ἐμέ, ἵνα σοφώτερος γένωμαι. (9a)

2) μέλλω ὑμᾶς **διδάξειν**, ὅθεν *(woher)* μοι ἡ διαβολὴ γέγονεν. (21b) [→69, 74.1, 100.1, 330.1]

83 τῷ γε ἀδικοῦντι **δοτέον** δίκην. (8e)

84 αὐτὸς δέ, ἐὰν εἰς τῶν ἐγγύτατά *(ganz in der Nähe)* τινα πόλεων ἔλθῃς, ὦ Σώκρατες, βεβαιώσεις *(bestärken)* τοῖς δικασταῖς τὴν δόξαν, ὥστε δοκεῖν ὀρθῶς τὴν δίκην **δικάσαι**. (53b-c)   [→339]

23

85 ↓	**δίκαιος** • δικαίως • δίκαιός εἰμι *mit Inf.*	gerecht, richtig zu Recht ich bin verpflichtet	70
86	**τὸ δικαστήριον**	Gericht	11
87	**ὁ δικαστής**, τοῦ δικαστοῦ	Richter, Geschworener	15
88 ↓	**ἡ δίκη**	Recht; (Privat-) Prozess; Strafe	32
89	**διότι**	weil	12
90 ↓	**δοκέω**, δόξω, ἔδοξα • ἐμοὶ δοκεῖ • (ἐμοὶ) δοκῶ	scheinen; den An- schein erwecken es scheint mir (richtig) ich glaube	99
91 ↓	**ἡ δόξα**	Meinung; Schein; Ruf	19

---

85 [→19, 43.1, 50.1, 69, 155.2, 179.1+2, 190, 193.1, 284.2, 330.2]

88 [→22, 62, 83, 84, 315.2, 335.1]

90 οἶδα, ὅτι ὀλίγοις τισὶ ταῦτα καὶ **δοκεῖ** καὶ **δόξει**. (49d)
    [→31, 67, 69, 84, 127, 148, 201.1, 204, 249, 262.3, 315.1]

91 πότερον τῇ τῶν πολλῶν **δόξῃ** δεῖ ἡμᾶς ἕπεσθαι *(folgen)* καὶ
    φοβεῖσθαι αὐτὴν ἢ τῇ τοῦ ἑνός, εἴ τίς ἐστιν ἐπαΐων, ὃν δεῖ καὶ
    αἰσχύνεσθαι καὶ φοβεῖσθαι μᾶλλον ἢ σύμπαντας τοὺς ἄλλους;
    (47c-d)   [→12, 24, 84, 315.1]

92	**δύναμαι** δυνήσομαι, ἐδυνήθην	können	10
93 ↓	**ἐάν** *mit Konj.* *auch* ἄν, *verstärkt* ἐάνπερ, • οὐδ' ἄν (=ἐάν)	wenn; immer wenn nicht einmal wenn	60
94 ↓	**ἑαυτοῦ**, ἑαυτῆς, ἑαυτοῦ / **αὑτοῦ**, αὑτῆς, αὑτοῦ	sein/ihr (eigener), sich *etc.* (Reflexivpronomen)	29
95 ↓	**ἐάω** *Imperf.:* εἴων *Aor.:* εἴασα	(unter-)lassen, zulassen	7
96 ↓	**ἐγώ** (*verstärkt:* ἔγωγε) ἐμοῦ / ἐμοί / ἐμέ/ μου, μοι, με	ich	474

---

93 1) **ἐάν** με ἀποκτείνητε, οὐ ῥᾳδίως ἄλλον τοιοῦτον εὑρήσετε. (30e) [→13.2, 55, 84, 204, 246]

2) **ἐὰν** κεχαρισμένα (*Angenehmes*) τις ἐπίστηται τοῖς θεοῖς λέγειν τε καὶ πράττειν, ταῦτ' ἔστι τὰ ὅσια. (14b)

94 1) ἐνταῦθα ᾖα[101] (*ich habe diesen Weg eingeschlagen*), ἐπιχειρῶν ἕκαστον ὑμῶν πείθειν μὴ πρότερον τῶν **ἑαυτοῦ** μηδενὸς ἐπιμελεῖσθαι, πρὶν **ἑαυτοῦ** ἐπιμεληθείη, ὅπως ὡς βέλτιστος ἔσοιτο. (36c) [→204, 309, 345]

2) οἱ μὲν κακοὶ κακόν τι ἐργάζονται ἀεὶ τοὺς μάλιστα πλησίον (*nahe bei*) **ἑαυτῶν**, οἱ δὲ ἀγαθοὶ ἀγαθόν. (25d-e)

95 ἐὰν μὲν φαίνηται δίκαιον ἐμὲ ἐνθένδε πειρᾶσθαι ἐξιέναι[126], πειρώμεθα, εἰ δὲ μή, **ἐῶμεν**. (≈48c)

| 97 | ἐθέλω / θέλω | wollen; bereit sein | 17 |
| ↓ | ἐθελήσω, ἠθέλησα / ἐθέλησα | | |

98	εἰ	wenn, falls; ob	176
↓	• εἴπερ	wenn, wenn wirklich, wenn also	
	• εἰ καί	auch wenn, obwohl	
	• εἰ δὲ μή, ...	wenn aber nicht / andernfalls	

| 99 | εἶεν *(abbrechend/überleitend)* | nun gut | 7 |

100	εἰμί	sein	520
↓	ἔσομαι, ἐγενόμην		
	Imperf.: ἦν *Inf:* εἶναι		
	Part.: ὤν, οὖσα, ὄν		
	• *mit Dat. poss.:*	haben	
	• ἔστι(ν) *(Akzent!)*	es gibt; es ist möglich	
	• τῷ ὄντι	in Wirklichkeit, wirklich	
	• ἔστιν ὅστις	mancher, jemand	
	• οὐκ ἔσθ' ὅπως	keinesfalls	

---

96   κἀγὼ ὑμῖν πειράσομαι ἀποδεῖξαι *(erklären)*, τί ποτ' ἐστὶν τοῦτο, ὅ ἐμοὶ πεποίηκεν τό τε ὄνομα καὶ τὴν διαβολήν. (20d)
[→98.1, 229.2]

97   [→160, 240.3, 305]

98   1) φήσουσι δή με σοφὸν εἶναι, **εἰ καὶ** μή εἰμι. (≈38c)

2) ἐξῆν σοι ἀπιέναι, **εἰ** μὴ ἠρέσκομεν ἡμεῖς. (52e)

3) Χαιρεφῶν ἤρετο[144], **εἴ** τις ἐμοῦ εἴη σοφώτερος. (≈21a)

101 ↓	εἶμι *Inf.:* ἰέναι *Part.:* ἰών *Imperf.:* ᾖα *Verbaladj.:* ἰτέον • ἴθι, ... *mit Imperativ*	gehen (werden) wohlan, ...!	19
102 ↓	εἷς, μία, ἕν ἑνός, μιᾶς, ἑνός	einer, ein einziger	24
103	εἰς *mit Akk.* • εἰς Ἅιδου	in (... hinein), nach, zu; hinsichtlich in den Hades	44
104	εἰσάγω	hineinführen; vor Gericht bringen	8
105 ↓	εἴτε ... εἴτε ...	sei es (dass) ... sei es (dass) ...; ob ... oder ...;	29

---

100 1) οὐ τοῦτό σοι διεκελευόμην *(auffordern)*, ἕν τι ἢ δύο *(zwei)* με διδάξαι τῶν πολλῶν ὁσίων, ἀλλ᾽ ἐκεῖνο αὐτὸ τὸ εἶδος *(Form, Muster)*, ᾧ πάντα τὰ ὅσια ὅσιά ἐστιν. (6d)

2) **ἔστιν** οὖν ὅστις βούλεται ὑπὸ τῶν συνόντων βλάπτεσθαι μᾶλλον ἢ ὠφελεῖσθαι; (25d)

3) οὐκ ἔσθ᾽ ὅπως ἡμεῖς ὀρθῶς ὑπολαμβάνομεν *(urteilen)*, ὅσοι οἰόμεθα κακὸν εἶναι τὸ τεθνάναι. (40b-c) [→117]

101 ὅμως τοῦτο μὲν **ἴτω,** ὅπῃ τῷ θεῷ φίλον, τῷ δὲ νόμῳ πειστέον καὶ ἀπολογητέον. (19a) [→31, 74.2, 82.1, 94.1, 138]

102 [→23.2, 91, 100.1, 317.2]

106 ↓	εἴωθα	gewohnt sein	8
107 ↓	ἐκ / ἐξ *mit Gen.*	aus; seit; infolge	39
108 ↓	ἕκαστος	jeder	12
109	ἐκεῖ	dort	14
110	ἐκεῖνος, -η, -ο	jener	60
111 ↓	ἑκών, ἑκοῦσα, ἑκόν • ἑκὼν εἶναι *(absoluter Inf.)*	freiwillig, willentlich freiwillig	7
112 ↓	ἐλέγχω / ἐξελέγχω	prüfen, ausfragen, widerlegen	7

---

105 σκοπεῖσθαι οὖν χρὴ ἡμᾶς, **εἴτε** ταῦτα πρακτέον **εἴτε** μή. (46b)
        [→284.1]

106 [→13.2, 117, 205, 225.1]

107 Χαιρεφῶν ἐμὸς ἑταῖρος ἦν **ἐκ** νέου. (≈21a)
        [→43.2, 46.2, 52, 247.1, 248.1, 299.1]

108 οὐκοῦν ἅπερ καλὰ ἡγοῦνται **ἕκαστοι** καὶ ἀγαθὰ καὶ δίκαια, ταῦτα καὶ φιλοῦσιν, τὰ δὲ ἐναντία τούτων μισοῦσιν; (7e)

111 „φέρε δή, πότερον ἐμὲ εἰσάγεις δεῦρο ὡς διαφθείροντα τοὺς νέους **ἑκόντα** ἢ ἄκοντα;" — „**ἑκόντα** ἔγωγε." (25d)   [→270.1]

112 1) οἴονται γάρ με ἑκάστοτε *(jedesmal)* οἱ παρόντες ταῦτα αὐτὸν εἶναι σοφόν, ἃ ἂν ἄλλον **ἐξελέγξω**. (23a)

113 ↓	ἐμαυτοῦ, ἐμαυτῆς	mein (mir, mich) *(Reflexivpronomen)*	25
114 ↓	**ἐμμένω** ἐμμενῶ, ἐνέμεινα	bei etw. bleiben	7
115 ↓	**ἐμός**, ἐμή, ἐμόν	mein	23
116	**ἐν** *mit Dat.*	in, bei, auf; während	107
117 ↓	**ἐναντιόομαι** ἐναντιώσομαι, ἠναντιώθην, ἠναντίωμαι	sich widersetzen, protestieren	8
118 ↓	**ἐναντίος** • τὸ ἐναντίον / τοὐναντίον	entgegengesetzt das Gegenteil	17

---

2) ἦλθον ἐπί τινα τῶν δοκούντων σοφῶν εἶναι, ὡς ἐνταῦθα, εἴπερ που, **ἐλέγξων** τὸ μαντεῖον *(Orakel)*. (21b-c)

113 [→38.1, 61, 68.1, 187.2, 231, 264.1, 284.1]

114 **ἐμμείνατέ** μοι, οἷς (= τούτοις, ἅ) ἐδεήθην ὑμῶν. (30c)

115 [→78, 107, 153.2, 270.2]

117 οὐ γὰρ ἔσθ᾽ ὅπως οὐκ **ἠναντιώθη** ἄν μοι τὸ εἰωθὸς σημεῖον *(Zeichen)*, εἰ μή τι ἔμελλον ἐγὼ ἀγαθὸν πράξειν. (40c)
[→205, 215, 308]

118 τούτου πᾶν **τοὐναντίον** εὑρήσετε, ὦ ἄνδρες. (34a) [→37.1, 108]

119	ἐνδείκνυμι	zeigen; anzeigen	9
↓	ἐνδείκνυμαι, ἐνδείξομαι, ἐνεδειξάμην	Med.: zeigen, nachweisen	
120	... ἕνεκα *mit Gen.*	wegen, um ... willen	10
	• τούτου ἕνεκα	deswegen	
121	ἔνθα	da, dort	9
122	ἐνθάδε	hier	9
123	ἐνθένδε	von hier	12
124 ↓	ἐννοέω	überlegen; verstehen	7
125 ↓	ἐνταῦθα	hier; dort; dadurch	10
126 ↓	ἐξέρχομαι	weggehen; in die Verbannung gehen, verbannt werden	10
	ἔξ-ειμι, ἐξ-ῆλθον *Inf.* ἐξ-ιέναι *Part.* ἐξ-ιών		

---

119 τότε μέντοι ἐγὼ οὐ λόγῳ, ἀλλ᾽ ἔργῳ αὖ **ἐνεδειξάμην**, ὅτι ἐμοὶ θανάτου μέλει οὐδ᾽ ὁτιοῦν. (32c-d)

124 οὐκ ἔχω, ὦ Σώκρατες, ἀποκρίνασθαι, πρὸς ὃ ἐρωτᾷς· οὐ γὰρ **ἐννοῶ**. (50a) [→241.1]

125 οὐκ ἂν ἀηδὲς (*unangenehm*) εἴη τοὺς ἐκεῖ ἐξετάζοντα ὥσπερ τοὺς **ἐνταῦθα** διάγειν (*seine Zeit verbringen*). (41b) [→112.2]

126 [→95]

127 ↓	ἔξεστι *Fut.:* ἐξέσται *Imperf.:* ἐξῆν	es ist möglich, erlaubt, steht frei	10
128 ↓	ἐξετάζω	prüfen, ausfragen	11
129	ἔοικα • εἰκός	gleichen, scheinen wahrscheinlich, natürlich	24
130 ↓	ἐπαΐω • ὁ ἐπαΐων	verstehen, wissen der Experte, der Sachverständige	6
131 ↓	ἐπεί / ἐπειδή • ἐπεί *als Hauptsatzeinl.*	als, nachdem; da, weil denn	29
132	ἐπειδάν *mit Konj.*	wenn	8

---

127 οὐδὲ δίκαιόν μοι δοκεῖς ἐπιχειρεῖν πρᾶγμα, σαυτὸν προδοῦναι *(aufgeben),* **ἐξὸν** σωθῆναι. (45c) [→98.2, 315.2]

128 [→68.1, 125]

130 οὐκ ἄρα πάνυ ἡμῖν οὕτω φροντιστέον, τί ἐροῦσιν οἱ πολλοὶ ἡμᾶς, ἀλλ' ὅ τι ὁ **ἐπαΐων** περὶ τῶν δικαίων καὶ ἀδίκων, ὁ εἷς καὶ αὐτὴ ἡ ἀλήθεια. (48a) [→91, 157]

131 1) **ἐπεὶ** καὶ τοῦτό γέ μοι δοκεῖ καλὸν εἶναι, εἴ τις οἷός τ' εἴη παιδεύειν ἀνθρώπους. (19e)

2) τίθημι *(annehmen)* σε ὁμολογοῦντα, **ἐπειδὴ** οὐκ ἀποκρίνῃ. (27c)

133 ↓	ἔπειτα		dann, darauf	10
134 ↓	ἐπεξέρχομαι	mit Dat. und Gen. ἐπέξ-ειμι, ἐπεξ-ῆλθον Inf. ἐπεξ-ιέναι Part. ἐπεξ-ιών	jmd. wegen etw. anklagen, gerichtlich belangen	10
135 ↓	ἐπί	mit Dat.	bei; unter der Bedingung; zum Zwecke von	48
		mit Akk.	zu	
136	ἐπιθυμέω		begehren; wollen	6
137 ↓	ἐπιμελέομαι mit Gen. ἐπιμελήσομαι, ἐπεμελήθην		sich kümmern um, Sorge tragen für	18
138 ↓	ἐπίσταμαι Imperf.: ἠπιστάμην		verstehen, wissen; können	11

133 [→229.1]

134 εἶπες, ὅτι τοῦτο τυγχάνει ὅσιον ὄν, ὃ σὺ νῦν ποιεῖς, φόνου **ἐπεξιὼν** τῷ πατρί. (6d)

135 ἀφίεμέν σε, **ἐπὶ** τούτῳ μέντοι, **ἐφ'** ᾧτε μηκέτι φιλοσοφεῖν (*philosophieren*). (29c)   [→31, 138, 258, 348.1]

137 τῆς ψυχῆς, ὅπως ὡς βελτίστη ἔσται, οὐκ **ἐπιμελῇ** οὐδὲ φροντίζεις; (29e)   [→12, 94, 248.4]

139	ἐπιτήδειος	passend, geeignet; befreundet	8
	• οἱ ἐπιτήδειοι	Freunde	
140 ↓	ἐπιχειρέω • mit Dat.	versuchen in Angriff nehmen; angreifen	20
141 ↓	ἐργάζομαι ἐργάσομαι, εἰργασάμην, εἴργασμαι	tun	12
142 ↓	τὸ ἔργον	Werk, Arbeit; Tat	16
143	ἔρχομαι εἶμι, ἦλθον, ἐλήλυθα	kommen; gehen	18
144 ↓	ἐρωτάω ἐρήσομαι, ἠρόμην	fragen	19

---

138 τελευτῶν οὖν ἐπὶ τοὺς χειροτέχνας (Handwerker) ᾖα[101]. **ἠπίσταντο**, ἃ ἐγὼ οὐκ **ἠπιστάμην**, καί μου ταύτῃ σοφώτεροι ἦσαν. (22c-d) [→93.2, 175]

140 τούτῳ τῷ ἔργῳ, ᾧ **ἐπιχειρεῖς**, διανοῇ (beabsichtigen) τούς τε νόμους ἡμᾶς ἀπολέσαι καὶ σύμπασαν τὴν πόλιν τὸ σὸν μέρος; (50b) [→94.1, 127]

141 πάντες ἐμοὶ βοηθεῖν (helfen) ἕτοιμοί (bereit) εἰσι τῷ κακὰ **ἐργαζομένῳ** τοὺς οἰκείους αὐτῶν, ὥς φασι Μέλητος καὶ Ἄνυτος. (≈34a-b) [→29, 68.1, 94.2]

142 [→140, 119, 264.2]

145	ὁ ἑταῖρος	Freund, Gefährte	8
146 ↓	ἕτερος	der andere, ein anderer; verschieden	22
147	ἔτι • ἔτι δέ • ἔτι καὶ νῦν • οὐκέτι / μηκέτι	noch außerdem auch jetzt noch nicht mehr	24
148 ↓	εὖ ἄμεινον / βέλτιον, ἄριστα • εὖ οἶδα	gut; genau; richtig ich weiß genau	28
149 ↓	εὑρίσκω εὑρήσω, ηὗρον, ηὕρηκα, ηὕρημαι, ηὑρέθην	finden, herausfinden	9

---

144   οὐκ ἄρα, ὃ **ἠρόμην**, ἀπεκρίνω, ὦ θαυμάσιε. (8a)
  [→124, 225.1, 264.1]

146   1) οὐκ ἄρα τὸ θεοφιλὲς ὅσιόν ἐστιν οὐδὲ τὸ ὅσιον θεοφιλές, ἀλλ᾽ **ἕτερον** τοῦτο τούτου. (10d)

   2) οἶμαι περί γε τούτου τῶν θεῶν οὐδένα **ἕτερον ἑτέρῳ** διαφέρεσθαι. (8b)   [→201.1, 294.2]

148   „καὶ **εὖ** γε φαίνεται εἰρῆσθαι[197];" — „δοκῶ, ὦ Σώκρατες." (7a)
  [→226, 240.1, 351.1]

149   [→58.1, 93.1, 118]

| 150 | ἐχθρός | feindlich, verhasst; | 6 |
| ↓ | ἐχθίων, ἔχθιστος | Subst.: Feind | |

151	ἔχω	haben, halten	83
↓	ἕξω, ἔσχον, ἔσχηκα, Imperf.: εἶχον		
	• ἔχω mit Adv.	sich verhalten, sein	
	• ἔχω mit ind. Fragesatz / Inf.	wissen, können	

| 152 | Ζεύς | Zeus | 19 |
| | Διός, Διί, Δία | | |

| 153 | ζητέω | untersuchen; (ver-) suchen, nach etw. streben | 8 |
| ↓ | | | |

| 154 | ζήω | leben | 17 |
| ↓ | Inf.: ζῆν Part.: ζῶν | | |

---

150 τοιαῦτα σπεύδεις *(auf etw. hinarbeiten)* περὶ σαυτὸν γενέσθαι, ἅπερ ἂν καὶ οἱ **ἐχθροί** σου σπεύσαιέν τε καὶ ἔσπευσαν σὲ διαφθεῖραι βουλόμενοι. (45c) [→80.1]

151 1) οὐκ **ἔχω**, τί λέγω. (20e)

2) τὰ δὲ **ἔχει** μὲν οὕτως, ὡς ἐγώ φημι, ὦ ἄνδρες, πείθειν δὲ οὐ ῥᾴδιον. (38a)

3) ἐγὼ δι' οὐδὲν ἄλλ' ἢ διὰ σοφίαν τινὰ τοῦτο τὸ ὄνομα **ἔσχηκα**. (20d) [→38.2, 124, 179.2, 224.2, 345]

153 1) οἱ ἀκούοντες ἡγοῦνται τοὺς ταῦτα **ζητοῦντας** οὐδὲ θεοὺς νομίζειν. (18c) [→35, 224.1, 330.1]

2) **ζητεῖτε** τῶν ἐμῶν λόγων νυνὶ ἀπαλλαγῆναι[30]. (≈37d)

155 ↓	ἤ	1. *(nach Komparativ)* als 2. oder	201
156 ↓	ἦ • ἦ ...; *(Fragepartikel)* • ἦ γάρ;	sicherlich, gewiss ∅ ... ? nicht wahr?	12
157 ↓	ᾗ	wie	6
158 ↓	ἡγέομαι	glauben, halten für	30
159 ↓	ἤδη	schon; endlich	24

154 [→1.1, 28, 68.1, 226]

155 1) „φαμὲν ἢ οὔ;" — „φαμέν." (49b)

2) ἡμῖν μὴ οὐδὲν ἄλλο σκεπτέον ᾖ ἢ ὅπερ νυνδὴ ἐλέγομεν, πότερον δίκαια πράξομεν χρήματα τελοῦντες *(zahlen)* τούτοις τοῖς ἐμὲ ἐνθένδε ἐξ-άξουσιν ἢ τῇ ἀληθείᾳ ἀδικήσομεν ταῦτα ποιοῦντες. (48c-d)

156 1) ἦ που, ὦ Εὐθύφρων, ἀγνοεῖται *(verkennen)* ὑπὸ τῶν πολλῶν, ὅπῃ ποτὲ ὀρθῶς ἔχει. (4a)

2) καί μοι ἀπόκριναι· ἦ καὶ περὶ ἵππους οὕτω σοι δοκεῖ ἔχειν; (25a)

157 ταύτῃ ἄρα πρακτέον, ᾗ ἂν τῷ ἑνὶ δοκῇ, τῷ ἐπαΐοντι, μᾶλλον ἢ ᾗ σύμπασι τοῖς ἄλλοις. (47b) [→50.1]

158 [→19, 65, 108, 153.1, 221.1, 241.2]

159 [→30, 32, 262.1, 269]

160 ↓	**ἡδύς**, ἡδεῖα, ἡδύ ἡδίων – ἥδιστος • ἡδέως Adv.	angenehm gern; angenehm	9
161 ↓	**ἥκω** ἥξω	gekommen sein, da sein, kommen	11
162	**ἡμεῖς** ἡμῶν, ἡμῖν, ἡμᾶς	wir	114
163 ↓	**ἡ ἡμέρα**	Tag	8
164	**ἡμέτερος**	unser	8
165	**ἡ ἡσυχία** • ἡσυχίαν ἄγω	Ruhe sich ruhig verhalten	6

---

160 οὐκ ἐθέλω λέγειν πρὸς ὑμᾶς τοιαῦτα, οἷ' ἂν ὑμῖν μὲν **ἥδιστα** ἦν ἀκούειν. (≈38d) [→168, 245.3, 328]

161 1) οὐκ αἰσθάνῃ, ὅτι ὁ λόγος ἡμῖν πάλιν *(wieder)* εἰς ταὐτὸν **ἥκει**; (15b)

2) ἐγὼ δὲ δὴ εἰς τοσοῦτον ἀμαθίας *(Unverstand)* **ἥκω**, ὥστε καὶ τοῦτ' ἀγνοῶ *(nicht wissen)*, ὅτι, ἐάν τινα μοχθηρὸν *(schlecht)* ποιήσω τῶν συνόντων, κινδυνεύσω κακόν τι λαβεῖν ὑπ' αὐτοῦ. (25e)

163 τυγχάνει μέγιστον ἀγαθὸν ὂν ἀνθρώπῳ τοῦτο, ἑκάστης **ἡμέρας** περὶ ἀρετῆς τοὺς λόγους ποιεῖσθαι. (38a) [→23.2]

166 ↓	ἥττων, -ων, -ον Adv. ἧττον – ἥκιστα	geringer, schwächer weniger – am wenigsten	8
167	ὁ θάνατος	Tod	28

168 ↓	θαυμάζω
	    θαυμάσομαι, ἐθαύμασα, τεθαύμακα
	    θαυμαστός
		sich wundern; bewundern
		
		wunderbar
			12

169 ↓	θαυμάσιος	wunderbar; seltsam, erstaunlich	10
170 ↓	θεῖος	göttlich	12
171	θεομισής, -ής, -ές	gottverhasst	6
172 ↓	ὁ θεός	Gott, Gottheit	113

---

166 [→330.1]

168 σοῦ πάλαι **θαυμάζω** αἰσθανόμενος, ὡς ἡδέως καθεύδεις *(schlafen)*. (43b)   [→13.2, 230]

169 [→144, 247.2, 300]

170 ἔγωγε καὶ ἐν τῷ ἔμπροσθεν *(vorher)* χρόνῳ τὰ **θεῖα** περὶ πολλοῦ ἐποιούμην εἰδέναι. (5a)

172 τοῦτο πρὸς **θεῶν**, ὦ Κρίτων, οὐ δοκεῖ καλῶς σοι λέγεσθαι; (46e)

173	θεοφιλής, -ής, -ές	gottgeliebt, gottgefällig	18
174	ἡ θεραπεία	Verehrung, Dienst, Pflege	10
175 ↓	θεραπεύω	verehren, dienen, pflegen	6
176 ↓	θορυβέω	unruhig sein, lärmen	7
177 ↓	ἰδίᾳ Adv.	persönlich, privat	7
178 ↓	ἱκανός	ausreichend; geeignet	16
179 ↓	ἵνα mit Konj. mit Ind.	damit, um zu wo	29

175 ἵππους οὐ πᾶς ἐπίσταται **θεραπεύειν**, ἀλλὰ ὁ ἱππικός. ἦ γάρ; (13a)

176 καί μοι, ὦ ἄνδρες Ἀθηναῖοι, μὴ **θορυβήσητε**, μηδ' ἐὰν δόξω τι ὑμῖν μέγα λέγειν. (20e)

177 [→43.2]

178 περὶ μὲν οὖν ὧν οἱ πρῶτοί μου κατήγοροι κατηγόρουν, αὕτη ἔστω **ἱκανὴ** ἀπολογία *(Verteidigung)* πρὸς ὑμᾶς. (24b)
[→262.1, 315.1, 317.3]

179 1) ἆρα **ἵνα** δίκαιον, ἔνθα καὶ ὅσιον; (12c-d)
2) μήτε παῖδας περὶ πλείονος ποιοῦ μήτε τὸ ζῆν μήτε ἄλλο μηδὲν πρὸ τοῦ δικαίου, **ἵνα** εἰς Ἅιδου ἐλθὼν ἔχῃς πάντα ταῦτα ἀπολογήσασθαι τοῖς ἐκεῖ ἄρχουσιν. (54b)   [→13.2, 20.2, 82.1]

180	ἱππικός	*(zum Pferd gehörig)*	6
		Pferde-	
	• ὁ ἱππικός	Pferde-Experte	

| 181 | ὁ ἵππος | Pferd | 11 |

| 182 | ἴσως | vielleicht | 34 |

183	καί	und; auch; sogar	1003
↓	• καὶ ... καὶ ...	sowohl ... als auch ...	
	• καὶ δὴ καί	und so denn auch, und genauso	

| 184 | καίτοι | 1. doch | 9 |
| ↓ | | 2. und in der Tat | |

185	κακός	schlecht, böse,	42
↓	κακίων / χείρων –	schlimm	
	κάκιστος		
	• τὸ κακόν	das Übel	

| 186 | καλός | schön, gut | 45 |
| ↓ | καλλίων – κάλλιστος | | |

---

183 [→9.1, 11, 96, 98.1, 148, 186, 231]

184 ὁρᾷς, ὦ Μέλητε, ὅτι σιγᾷς καὶ οὐκ ἔχεις εἰπεῖν; **καίτοι** οὐκ αἰσχρόν σοι δοκεῖ εἶναι; (24d)   [→197.2]

185 οὐκ οἴομαι θεμιτὸν *(rechtens)* εἶναι ἀμείνονι ἀνδρὶ ὑπὸ **χείρονος** βλάπτεσθαι. (≈30c-d)   [→1.1, 141, 161.2, 212, 246]

187 ↓	**κατά**	mit Akk. mit Gen.	gemäß gegen	27
188 ↓	**καταγελάω** mit Gen. • καταγέλαστος		auslachen lächerlich	7
189 ↓	**καταψηφίζομαι** mit Gen. und Akk. καταψηφιοῦμαι, κατεψηφισάμην		verurteilen (jmd. zu etw.)	8
190 ↓	**κατηγορέω** mit Gen. • mit Gen. und Akk.		anklagen jmd. etw. vorwerfen	15

---

186 πάντες, ὡς ἔοικεν, Ἀθηναῖοι τοὺς νέους **καλοὺς** κἀγαθοὺς ποιοῦσι πλὴν *(außer)* ἐμοῦ, ἐγὼ δὲ μόνος διαφθείρω. (≈25a)
[→29, 131.1, 241.2]

187 1) ὁ δικαστὴς ὀμώμοκεν *(schwören)* δικάσειν **κατὰ** τοὺς νόμους. (≈35c)   [19, 224.1, 311]
2) πεπεισμένος δὴ ἐγὼ μηδένα ἀδικεῖν πολλοῦ δέω ἐμαυτόν γε ἀδικήσειν καὶ **κατ'** ἐμαυτοῦ ἐρεῖν[197] αὐτός, ὡς ἄξιός εἰμί του *(Akzent!)* κακοῦ, καὶ τιμήσεσθαι τοιούτου τινὸς ἐμαυτῷ. (37b)

188 ἐμοῦ τοι, ὅταν τι λέγω ἐν τῇ ἐκκλησίᾳ *(Volksversammlung)* περὶ τῶν θείων, προ-λέγων αὐτοῖς τὰ μέλλοντα, **καταγελῶσιν** ὡς μαινομένου *(verrückt sein).* (3b-c)   [→283.2]

189 λέγω δὲ τοῦτο οὐ πρὸς πάντας ὑμᾶς, ἀλλὰ πρὸς τοὺς ἐμοῦ **καταψηφισαμένους** θάνατον. (38c-d)

190 πρῶτον οὖν δίκαιός εἰμι ἀπολογήσασθαι πρὸς τὰ πρῶτά μου ψευδῆ *(erlogen)* **κατηγορημένα** καὶ τοὺς πρώτους κατηγόρους. (18a)   [→50.5]

191	ὁ κατήγορος	Ankläger	13
192	κελεύω	befehlen, auffordern	8
193 ↓	κινδυνεύω	1. in Gefahr sein, Gefahr laufen 2. scheinen	16
194	ὁ κίνδυνος	Gefahr	8
195 ↓	κρίνω κρινῶ, ἔκρινα	entscheiden, (ver)urteilen	6
196 ↓	λαμβάνω λήψομαι, ἔλαβον, εἴληφα, εἴλημμαι, ἐλήφθην	nehmen, erhalten, bekommen	17

---

193   1) ἡμεῖς που δίκαιοί ἐσμεν σώσαντές σε **κινδυνεύειν** τοῦτον τὸν κίνδυνον καί, ἐὰν δέῃ, ἔτι τούτου μείζω. (45a)

2) **κινδυνεύει** τῷ ὄντι ὁ θεὸς σοφὸς εἶναι. (23a)
                                                    [→161.2, 309, 335.2]

195   καὶ ὑμῖν ἐπιτρέπω *(überlassen)* καὶ τῷ θεῷ **κρῖναι** περὶ ἐμοῦ, ὅπῃ μέλλει ἐμοί τε ἄριστα εἶναι καὶ ὑμῖν. (35d)   [→23.2, 247.2]

196   οὐδὲ χρήματα μὲν **λαμβάνων** διαλέγομαι, μὴ **λαμβάνων** δὲ οὔ. (33a-b)   [→33, 161.2, 240.3, 325]

197 ↓	**λέγω** ἐρῶ, εἶπον, εἴρηκα, εἴρημαι, ἐρρήθην – ῥητέος	sagen, behaupten; sprechen; meinen	292
	• ὡς ἔπος εἰπεῖν	so zu sagen; um es mit einem Wort zu sagen	
198 ↓	**ὁ λόγος**	Wort, Rede; Gedanke, Argument	52
199	**μὰ Δία**	bei Zeus	7
200	**μάλα** • μᾶλλον • μάλιστα	sehr eher, lieber am meisten, besonders	51
201 ↓	**μανθάνω** μαθήσομαι, ἔμαθον, μεμάθηκα	lernen, erfahren, verstehen	17

---

197   1) „ἐγὼ δὲ μόνος τοὺς νέους διαφθείρω. οὕτω **λέγεις**;" — „πάνυ σφόδρα ταῦτα **λέγω**." (≈25a)

2) οἱ κατήγοροι πιθανῶς *(überzeugend)* **ἔλεγον**. καίτοι ἀληθές γε ὡς ἔπος **εἰπεῖν** οὐδὲν **εἰρήκασιν**. (≈17a)
[→68.2, 235, 262.3, 284.1, 294.1, 311]

198   [→13.2, 153.2, 161.1, 240.4, 264.2, 269, 270.2, 286, 330.1, 345]

201   1) „πάντα τὰ τοιαῦτα **μανθάνεις**, ὅτι ἕτερα ἀλλήλων ἐστί;" — „ἔγωγέ μοι δοκῶ **μανθάνειν**." (10a)   [→20.2, 64.2, 262.1]

202	ὁ μάρτυς, τοῦ μάρτυρος	Zeuge	6
203 ↓	μέγας, μεγάλη, μέγα μείζων – μέγιστος	groß, bedeutend	36
	• μέγα als Adv.	viel, sehr	

204 ↓	μέλει mit Dat. und Gen.
	  μελήσει, ἐμέλησε,
	  μεμέληκεν
		etw. ist jmd. wichtig,
		  es liegt jmd. am
		  Herzen
			10

205 ↓	μέλλω	wollen; sollen;
		  im Begriff sein;
		  kurz davor stehen
			18

	• τὰ μέλλοντα	die Zukunft	
206 ↓	μέν	zwar; ∅	187

	• μέν – δέ	zwar – aber; einerseits
		  – andererseits;
		  oft: ∅	

2) εἰ δέ τίς φησι παρ᾽ ἐμοῦ πώποτέ τι **μαθεῖν** ἢ ἀκοῦσαι ἰδίᾳ, ὅ τι μὴ καὶ οἱ ἄλλοι πάντες, εὖ ἴστε, ὅτι οὐκ ἀληθῆ λέγει. (33b)

203 [→23.2, 29, 55, 163, 176, 193.1, 227.2, 264.2, 311, 351.1]

204 Ἀθηναίοις γάρ τοι, ὡς ἐμοὶ δοκεῖ, οὐ σφόδρα **μέλει**, ἄν (= ἐὰν) τινα δεινὸν οἴωνται εἶναι, μὴ μέντοι διδασκαλικὸν *(erpicht auf das Lehren)* τῆς αὑτοῦ σοφίας. (3c)   [→24, 74.1, 119]

205 ἡ εἰωθυῖά μοι μαντικὴ *(Weissagung)* ἡ τοῦ δαιμονίου ἐν μὲν τῷ πρόσθεν χρόνῳ παντὶ πάνυ πυκνὴ *(häufig)* ἀεὶ ἦν καὶ πάνυ ἐπὶ σμικροῖς ἐναντιουμένη, εἴ τι **μέλλοιμι** μὴ ὀρθῶς πράξειν. (40a)
[→117, 188, 195, 247.1]

207	**μέντοι**	allerdings, freilich	22
208 ↓	**μένω** μενῶ, ἔμεινα, μεμένηκα	bleiben, warten; gültig bleiben	16
209 ↓	**τὸ μέρος**, τοῦ μέρους • τὸ σὸν μέρος	Teil soviel in deiner Macht liegt, nach Kräften	10
210 ↓	**μετά** *mit Gen.* *mit Akk.*	(zusammen) mit nach	21
211	**ἡ μήτηρ**, τῆς μητρός	Mutter	6
212 ↓	**μικρός / σμικρός**	klein, unbedeutend	13

---

206 ταῦτα **μὲν** δὴ οὕτως ἐχέτω· τάδε δέ, ὦ Σώκρατες, εἰπέ μοι· (...). (44e) [→94.2]

208 ἐβουλόμην ἄν μοι τοὺς λόγους **μένειν**. (11d) [→226, 309]

209 [→58.1, 140]

210 διὰ τί δή ποτε **μετ'** ἐμοῦ χαίρουσί τινες πολὺν χρόνον διατρίβοντες *(verbringen)*; (33b-c) [→58.1]

212 οἷοί τ' εἰσὶν οἱ πολλοὶ οὐ **τὰ σμικρότατα** τῶν κακῶν ἐξεργάζεσθαι, ἀλλὰ τὰ μέγιστα σχεδόν, ἐάν τις ἐν αὐτοῖς διαβεβλημένος[77] ᾖ. (44d) [→205, 221.1]

213	**μιμνήσκομαι /** **ἀναμιμνήσκομαι** *(mit Gen.)* μνησθήσομαι, ἐμνήσθην, μέμνημαι	sich erinnern	6
214	**μισέω**	hassen, verabscheuen	7
215 ↓	**μόνος** • *Adv.* μόνον • οὐ μόνον – ἀλλὰ καί	allein, einzig nur nicht nur – sondern auch	15
216	**ναί**	ja	9
217 ↓	**νέος** • οἱ νέοι / νεώτεροι	neu, jung die jungen Leute, die Jugend	32
218	**νή** *mit Akk.* • νὴ Δία	bei bei Zeus!	6
219 ↓	**νομίζω** νομιῶ, ἐνόμισα, νενόμικα, νενόμισμαι, ἐνομίσθην	glauben, meinen, halten für; anerkennen	31

---

215 τότ' ἐγὼ **μόνος** τῶν πρυτάνεων *(Prytanen)* ἠναντιώθην[117] ὑμῖν μηδὲν ποιεῖν παρὰ τοὺς νόμους. (32b) [→23.2, 317.2]

217 τί **νεώτερον**, ὦ Σώκρατες, γέγονεν; (2a) [→107, 248.4]

219 νυνὶ δὲ συμβέβηκέ *(zustoßen)* μοι, ἅπερ ὁρᾶτε καὶ αὐτοί, ταυτί[256], ἅ γε δὴ οἰηθείη[229] ἄν τις καὶ **νομίζεται** ἔσχατα *(das Allerschlimmste)* κακῶν εἶναι. (40a) [→5, 248.3]

220 ↓	ὁ νόμος	Gesetz; Brauch	33
221 ↓	ὁ νοῦς τοῦ νοῦ, τῷ νῷ, τὸν νοῦν • τὸν νοῦν προσέχω mit Dat.	Sinn, Verstand auf etw. achten	12
222 ↓	νῦν / νυνδή / νυνί	1. jetzt 2. gerade eben	75
223	ἡ νύξ, τῆς νυκτός	Nacht	9
224 ↓	ὁ ξένος	Fremder; (Gast-) Freund	8

---

220 ἡ ἀρετὴ καὶ ἡ δικαιοσύνη πλείστου ἄξιον τοῖς ἀνθρώποις καὶ τὰ νόμιμα *(geltende Maßstäbe)* καὶ οἱ **νόμοι**. (53c)

221 1) ὅπως σύ τινα πείθοις ἂν καὶ σμικρὸν **νοῦν** ἔχοντα ἀνθρώπων, ὡς οὐ τοῦ αὐτοῦ ἔστιν καὶ δαιμόνια καὶ θεῖα ἡγεῖσθαι, οὐδεμία μηχανή *(Möglichkeit)* ἐστιν. (27e-28a)

2) εἰπέ μοι, ὦ Σώκρατες, τί ἐν **νῷ** ἔχεις ποιεῖν; (50a)
[→43.1, 225.2]

222 [→23.2, 38.1, 270.2, 286]

224 1) ζητῶ κατὰ τὸν θεὸν καὶ τῶν ἀστῶν *(Einheimischer)* καὶ **ξένων**, ἄν *(= ἐάν)* τινα οἴωμαι σοφὸν εἶναι. (23b)

2) ἀτεχνῶς **ξένως** ἔχω τῆς ἐνθάδε λέξεως *(Redeweise)*. (17d)
[→262.2, 274.1]

225	ὁ, ἡ, τό	der, die, das *(Artikel)*	1420
↓	• ὁ δέ	der aber	
	• ὁ μέν – ὁ δέ	der eine – der andere	

| 226 | ὅ-δε, ἥ-δε, τό-δε | dieser, der hier; der folgende | 21 |
| ↓ | | | |

227	οἶδα	wissen, kennen	69
↓	εἴσομαι, ᾔδη		
	• (εὖ) ἴσθι *(Imperativ)*	du musst wissen	

| 228 | οἰκεῖος | häuslich; verwandt | 12 |

229	οἴομαι / οἶμαι	glauben, meinen	91
↓	2. Sg.: οἴει		
	οἰήσομαι, ᾠήθην		
	Imperf.: ᾤμην / ᾠόμην		

---

225 1) εἴωθας χρῆσθαι τῷ ἐρωτᾶν τε καὶ ἀποκρίνεσθαι. (50c)

2) **ταῖς μὲν** δεῖ τῶν δοξῶν προσέχειν τὸν νοῦν, **ταῖς δὲ** οὔ. (46d)
[→81, 151.2, 315.1, 317.3]

226 **τόνδε** τὸν λόγον αὖ σκόπει, εἰ ἔτι μένει ἡμῖν ἢ οὔ, ὅτι οὐ τὸ ζῆν περὶ πλείστου ποιητέον, ἀλλὰ τὸ εὖ ζῆν. (≈48b)

227 1) οὗτος μὲν οἴεταί τι **εἰδέναι** οὐκ **εἰδώς**, ἐγὼ δέ, ὥσπερ οὖν οὐκ **οἶδα**, οὐδὲ οἴομαι. (21d)

2) **οἶδε** μὲν οὐδεὶς τὸν θάνατον, οὐδ' εἰ τυγχάνει τῷ ἀνθρώπῳ πάντων μέγιστον ὂν τῶν ἀγαθῶν. (29a)
[→1.2, 31, 74.2, 90, 240.4, 245.1, 316, 317.3]

229 1) κἄπειτα ἐπειρώμην αὐτῷ δεικνύναι *(zeigen)*, ὅτι **οἴοιτο** μὲν εἶναι σοφός, εἴη δ' οὔ. (21c) [→33, 68.1, 219, 336]

230 ↓	οἷος	1. wie (beschaffen), was für ein 2. *Relativpronomen:* der, die, das	48
	• οἷον *als Adv.* • οἷός τε εἰμί	wie (zum Beispiel) fähig/möglich sein, können	
231 ↓	ὀλίγος ἐλάττων – ἐλάχιστος *Adv.* ὀλίγον	wenig, gering	20
	• ὀλίγου (δεῖν)	beinahe	
232 ↓	ὁμολογέω	übereinkommen, sich einig sein; zustimmen, zugeben	23
233	ἡ ὁμολογία	Übereinkunft	6

---

2) οὐδ᾽ αὐτὸς πάνυ τι γιγνώσκω τὸν ἄνδρα· ὀνομάζουσι *(nennen)* μέντοι αὐτόν, ὡς **ἐγᾦμαι**, Μέλητον. (2b)

230 ὥστε, ὅπερ ἀρχόμενος ἐγὼ ἔλεγον, θαυμάζοιμ᾽ ἄν, εἰ **οἷός τ᾽ εἴην** ἐγὼ ὑμῶν ταύτην τὴν διαβολὴν ἐξ-ελέσθαι[9] ἐν οὕτως ὀλίγῳ χρόνῳ οὕτω πολλὴν γεγονυῖαν. (24a) [→131.1, 160, 270.2, 317.1]

231 ἐγὼ δ᾽ οὖν καὶ αὐτὸς **ὀλίγου** ἐμαυτοῦ ἐπελαθόμην *(vergessen)*, οὕτω πιθανῶς *(überzeugend)* ἔλεγον οἱ κατήγοροι. (≈17a)
[→23.2, 90, 230, 274.2]

232 ἐμμένομεν, οἷς (=τούτοις, ἅ) **ὡμολογήσαμεν**, ἢ οὔ; (50a)
[→131.2]

234	ὅμως	dennoch, trotzdem	12
235 ↓	τὸ ὄνομα, τοῦ ὀνόματος	Name; Ruf; Ausdruck	10
236 ↓	ὅπῃ	wie	8
237 ↓	ὅπως	wie; dass	20
238 ↓	ὁράω ὄψομαι, εἶδον, ἑώρακα, ὦμμαι, ὤφθην, ὀφθήσομαι	sehen; einsehen; betrachten	32
239	ὀρθός • ὀρθῶς	richtig richtig, zu Recht	24
240 ↓	ὅς, ἥ, ὅ	der, die, das/was (Relativpronomen); welcher/e/es	206

---

235 ὀνόματι αὐτὸν οὐδὲν δέομαι λέγειν. (≈21c) [→96, 151.3]

236 [→101, 156.1, 195]

237 [→12, 94.1, 100.3, 221.1, 272, 339]

238 1) ἰδέ, εἰ οὐκ ἀναγκαῖόν *(notwendig)* σοι δοκεῖ δίκαιον εἶναι πᾶν τὸ ὅσιον. (11e) [→24, 58.1, 184, 219, 247.2]

2) ταῦτα οὖν, ὦ Σώκρατες, **ὅρα**, μὴ ἅμα τῷ κακῷ καὶ αἰσχρὰ ᾖ σοί τε καὶ ἡμῖν. (46a)

240 1) **ὃ** δὲ καὶ ἐν τοῖς ἔμπροσθεν ἐγὼ ἔλεγον, εὖ ἴστε, ὅτι ἀληθές ἐστιν. (28a)

2) δεῖ δίκην διδόναι ἐκεῖνον, **ὃς** ἂν ἀδίκως τινὰ ἀποκτείνῃ. (8b)

241 ↓	ὅσιος	1. heilig, gottgefällig, richtig 2. fromm, gottesfürchtig	75
242	ἡ ὁσιότης τῆς ὁσιότητος	Gottesfurcht, Frömmigkeit	7
243 ↓	ὅσος • ὅσῳ *mit Komparativ* (– τοσούτῳ)	1. wie groß, wie viel 2. *Relativpronomen im Plural:* die; das, was je (– desto, umso)	14

---

3) καὶ γὰρ οὐδὲ πολὺ τἀργύριόν *(Geld)* ἐστιν, ὃ θέλουσι λαβόντες τινὲς σῶσαί σε καὶ ἐξ-αγαγεῖν ἐνθένδε. (45a)

4) τοὺς αὐτοὺς λόγους τιμῶ οὕσπερ καὶ πρότερον· ὧν ἐὰν μὴ βελτίω ἔχωμεν λέγειν ἐν τῷ παρόντι *(im Moment)*, εὖ ἴσθι, ὅτι οὐ μή σοι συγχωρήσω. (≈46c)   [→9.1, 112.1, 124, 138, 241.2, 325]

241 1) ἐννόησον τὸ τοιόνδε *(das Folgende)*· ἆρα τὸ ὅσιον, ὅτι **ὅσιόν** ἐστιν, φιλεῖται ὑπὸ τῶν θεῶν, ἢ ὅτι φιλεῖται, **ὁσιόν** ἐστιν; (10a)

2) μὴ οὖν ἀξιοῦτέ με, ὦ ἄνδρες Ἀθηναῖοι, τοιαῦτα δεῖν πρὸς ὑμᾶς πράττειν, ἃ μήτε ἡγοῦμαι καλὰ εἶναι μήτε δίκαια μήτε **ὅσια**. (35c-d)   [→23.3, 58.1, 93.2, 100.1, 134]

243 1) ἀξιῶ ὑμᾶς ἀλλήλους διδάσκειν τε καὶ φράζειν, **ὅσοι** ἐμοῦ πώποτε ἀκηκόατε διαλεγομένου. (19d)

2) πλείους ἔσονται ὑμᾶς οἱ ἐλέγχοντες· καὶ χαλεπώτεροι ἔσονται, **ὅσῳ** νεώτεροί εἰσιν. (39c-d)   [→100.3, 262.3]

| 244 ↓ | ὅσ-περ, ἥ-περ, ὅ-περ | der, die, das/was *(Relativpronomen)*; welcher/e/es | 32 |

| 245 ↓ | ὅσ-τις, ἥ-τις, ὅ τι
Gen. Sg. m.: οὗτινος / ὅτου
Dat. Sg. m.: ᾧτινι / ὅτῳ
Nom./Akk. Pl. n.: ἅτινα / ἅττα | 1. *relativ:*
wer (auch immer);
jeder, der
2. *interrogativ:*
wer, was;
welcher/e/es | 42 |

| 246 ↓ | ὁστισ-οῦν
ἡτισ-οῦν, ὁτι-οῦν | irgendeiner, ein beliebiger | 9 |

| 247 ↓ | ὅταν *mit Konj.* | wenn; jedesmal wenn | 6 |

---

244 [→9.2, 13.2, 155.2, 219, 230, 240.4]

245 1) **ὅ τι** *(auch ὅτι geschrieben)* μὲν ὑμεῖς, ὦ ἄνδρες Ἀθηναῖοι, πεπόνθατε²⁶⁶ ὑπὸ τῶν ἐμῶν κατηγόρων, οὐκ οἶδα. (17a)

2) οὐ μὴ παύσωμαι φιλοσοφῶν *(philosophieren)* καὶ ὑμῖν παρακελευόμενος *(jmd. gut zureden)*, **ὅτῳ** ἂν ἀεὶ ἐντυγχάνω *(begegnen)* ὑμῶν. (29d)

3) ἐγὼ ἡδέως ἂν ἀκούσαιμι, **ἥντινα** δόξαν ἔχεις περὶ αὐτῶν. (*Phaidon* 70b)   [→100.2, 201.2]

246 οὐ δεῖ κακῶς ποιεῖν οὐδένα ἀνθρώπων, οὐδ᾽ ἂν *(= ἐὰν)* **ὁτιοῦν** πάσχῃ ὑπ᾽ αὐτῶν. (49c)   [→68.1, 119]

247 1) ἐμοὶ δὲ τοῦτ᾽ ἔστιν ἐκ παιδὸς ἀρξάμενον, φωνή *(Stimme)* τις γιγνομένη, ἥ, **ὅταν** γένηται, ἀεὶ ἀποτρέπει *(abraten)* με τοῦτο, ὃ ἂν μέλλω πράττειν, προτρέπει *(zuraten)* δὲ οὔποτε. (31d)

248 ↓	ὅτι • ὅτι *mit Superlativ*	dass; weil möglichst	163
249 ↓	οὐ, οὐκ, οὐχ(ί) / μή • οὐ μή *mit Konj. Aor.*	nicht auf keinen Fall	482
250	οὐδαμῶς / μηδαμῶς	auf keinen Fall	9
251 ↓	οὐδέ / μηδέ	und nicht, auch nicht, aber nicht, nicht einmal	80
	• οὐδ' εἰ / ἐάν, μηδ' εἰ / ἐάν	nicht einmal wenn, selbst wenn	

---

2) ἐγὼ πολλάκις ἑώρακά τινας, **ὅταν** κρίνωνται, θαυμάσια ἐργαζομένους. (35a) [→188]

248 1) ἐκ τούτου γνώσεσθε, **ὅτι** τοιαῦτ' ἐστὶ καὶ τἄλλα περὶ ἐμοῦ, ἃ οἱ πολλοὶ λέγουσιν. (19d)

2) ἴσως ἂν εἴποιεν οἱ νόμοι, **ὅτι** „ὦ Σώκρατες, μὴ θαύμαζε τὰ λεγόμενα, ἀλλ' ἀποκρίνου." (≈50 c)

3) τότ' ἄν με δικαίως εἰσάγοι τις εἰς δικαστήριον, **ὅτι** οὐ νομίζω θεοὺς εἶναι. (29a)

4) ὀρθῶς ἐστι τῶν νέων πρῶτον ἐπιμεληθῆναι, ὅπως ἔσονται **ὅτι** ἄριστοι. (2d)   [→30, 58.2, 74.2, 201.1, 241.1; vgl. 245.1]

249 **οὔ** μοι δοκεῖ καλὸν εἶναι ἐμὲ τούτων οὐδὲν ποιεῖν. (34e)
[→17, 23.2, 68.2, 76, 100.3, 176, 196, 238.1, 240.4, 245.2, 342]

251 ἐμὲ μὲν οὐδὲν ἂν βλάψειεν οὔτε Μέλητος οὔτε Ἄνυτος – **οὐδὲ** γὰρ ἂν δύναιτο. (30c)   [→69, 176, 227.2, 240.3, 246]

252 ↓	**οὐδείς**, οὐδεμία, οὐδέν **μηδείς**, μηδεμία, μηδέν • οὐδέν *als Adv.*	niemand, kein; *Neutrum:* nichts überhaupt nicht	117
253 ↓	**οὐκοῦν**	1. also, folglich 2. ∅ ...?; ..., nicht wahr?	16
254	**οὖν**	*anknüpfend:* nun *folgernd:* also; daher *verstärkend:* wirklich; *oft:* ∅	114
255 ↓	**οὔτε** ... **οὔτε** ... / **μήτε** ... **μήτε** ...	weder ... noch ...	99
256 ↓	**οὗτος**, αὕτη, τοῦτο τούτου, ταύτης, τούτου *auch mit deiktischem Iota:* οὑτοσί, τουτί *usw.*	dieser, diese, dies(es); der/die/das folgende	437
257 ↓	**οὕτω(ς) / οὑτωσί**	so, auf diese Weise; deshalb	80

---

252 1) **οὐδὲν** παύονται ταῦτα ἀμφισβητοῦντες. (8c)
   2) ἐγὼ δὲ **οὐδὲν** ἄρα τούτων ποιήσω. (34c)

253 [→58.2, 108, 294.2]

255 **οὔτε** ἐνθάδε σοι φαίνεται ταῦτα πράττοντι ἄμεινον εἶναι οὐδὲ δικαιότερον οὐδὲ ὁσιώτερον, οὐδὲ ἄλλῳ τῶν σῶν οὐδενί, **οὔτε** εἰς Ἅιδου ἀφικομένῳ ἄμεινον ἔσται. (≈54b)

256 [→43.1, 50.3, 74.2, 193.1, 219, 311, 317.3]

258 ↓	παιδεύω		erziehen, bilden	11
259	ὁ παῖς, τοῦ παιδός		Kind	15
	• ἐκ παιδός / παίδων		von Kindheit an	
260 ↓	πάλαι		früher, schon lange	10
261	πάνυ		ganz; sehr	40
	• πάνυ γε. / πάνυ μὲν οὖν.		Allerdings. / Ganz recht. (Antwortformeln)	
262 ↓	παρά	mit Gen. mit Dat. mit Akk.	von (... her) bei zu (... hin); gegen	33
	• παρὰ τοὺς νόμους		gegen die Gesetze	

257 [→35, 41, 130, 151.2, 197.1, 230, 317.3]

258 οὐ καλῶς προσέταττον ἡμῶν οἱ ἐπὶ τούτῳ τεταγμένοι νόμοι, παραγγέλλοντες (*vorschreiben*) τῷ πατρὶ τῷ σῷ σε ἐν μουσικῇ καὶ γυμναστικῇ **παιδεύειν**; (50d-e) [→60.3, 131.1]

260 [→ 37.2, 168]

262 1) εἰ ἀπεκρίνω, ἱκανῶς ἂν ἤδη **παρὰ** σοῦ τὴν ὁσιότητα ἐμεμαθήκη. (14c)

2) ἥξεις δὲ εἰς Θετταλίαν **παρὰ** τοὺς ξένους τοὺς Κρίτωνος; (53d)

3) ὅσα γε τὰ νῦν ἐμοὶ δοκοῦντα, ἐὰν λέγῃς **παρὰ** ταῦτα, μάτην (*umsonst, vergeblich*) ἐρεῖς. (54d) [20.2, 33, 201.2, 215, 325]

| 263 | πάρειμι | anwesend sein; gegenwärtig sein | 9 |
| | • οἱ παρόντες | die Anwesenden | |

| 264 | παρέχω ↓ | geben, anbieten; gewähren; zeigen | 11 |
| | • μάρτυρα παρέχομαι (παρέξομαι, παρεσχόμην) | als Zeugen aufbieten | |

| 265 | πᾶς, πᾶσα, πᾶν ↓ παντός, πάσης, παντός Adv. πάντως | all, ganz, jeder | 86 |

| 266 | πάσχω ↓ πείσομαι, ἔπαθον, πέπονθα | erleiden, erdulden; erleben | 30 |

| 267 | ὁ πατήρ, τοῦ πατρός | Vater | 28 |

---

264 1) ὁμοίως καὶ πλουσίῳ *(reich)* καὶ πένητι *(arm)* **παρέχω** ἐμαυτὸν ἐρωτᾶν. (33b)

2) μεγάλα δ' ἔγωγε ὑμῖν τεκμήρια **παρέξομαι** τούτων, οὐ λόγους, ἀλλ' ὃ ὑμεῖς τιμᾶτε, ἔργα. (32a) [→345]

265 [→11, 13.1, 118, 175, 179.2, 205, 315.1]

266 1) **πάσχειν** δεῖ, ἐάν τι προστάττῃ **παθεῖν** ἡ πατρίς. (≈51b)

2) ἐγὼ **ἔπαθόν** τι τοιοῦτον· οἱ μὲν μάλιστα εὐδοκιμοῦντες *(angesehen sein)* ἔδοξάν μοι ὀλίγου δεῖν τοῦ πλείστου ἐνδεεῖς εἶναι *(am armseligsten sein)* ζητοῦντι κατὰ τὸν θεόν. (22a)
[→245.1, 246, 330.2]

268	ἡ πατρίς, τῆς πατρίδος	Vaterland, Heimat	7
269 ↓	παύω	beenden	7
	παύομαι mit Part./Gen.	mit etw. aufhören	
270 ↓	πείθω πείσω, ἔπεισα, πέπεικα	überreden, überzeugen	50
	πείθομαι πείσομαι, ἐπείσθην, πέπεισμαι	überzeugt sein; gehorchen, Folge leisten	
271 ↓	πειράομαι πειράσομαι, ἐπειράθην	versuchen	13

272 ↓	περί (nachgestellt: πέρι)
	    mit Gen.
	    mit Akk.
		
		über
		hinsichtlich, in Bezug auf
			94

---

269 παῦσαι ἤδη πολλάκις μοι λέγων τὸν αὐτὸν λόγον. (48e)
[→245.2, 252.1]

270 1) πέπεισμαι ἐγὼ ἑκὼν εἶναι μηδένα ἀδικεῖν ἀνθρώπων, ἀλλὰ ὑμᾶς τοῦτο οὐ πείθω. (37a)   [→94.1]

2) ἐγὼ οὐ νῦν πρῶτον, ἀλλὰ καὶ ἀεὶ τοιοῦτος οἷος τῶν ἐμῶν μηδενὶ ἄλλῳ πείθεσθαι ἢ τῷ λόγῳ, ὃς ἄν μοι λογιζομένῳ (*überlegen*) βέλτιστος φαίνηται. (46b)

271 [→95, 96, 229.1, 272]

272 τούτου οὖν πέρι ὅπως ποτὲ πρὸς ἐμὲ ἔχουσιν οἱ Ἀθηναῖοι, οὐ πάνυ ἐπιθυμῶ πειραθῆναι. (≈3d)   [→150, 156.2, 178, 317.2+3]

273	**περιέρχομαι** περί-ειμι, περι-ῆλθον *Inf.* περι-ιέναι *Part.* περι-ιών	herumgehen, im Kreis gehen	7
274	**ποιέω** ↓ • περὶ πολλοῦ ποιέομαι • τοὺς λόγους ποιέομαι	machen, tun; (er)dichten hochschätzen, achten, für wichtig halten reden	111
275	**ὁ ποιητής**, τοῦ ποιητοῦ ↓	Dichter; Erfinder	9
276	**ἡ πόλις**, τῆς πόλεως	Stadt; Staat	51
277	**πολιτικός** • τὰ πολιτικά • οἱ πολιτικοί	(staats-)bürgerlich, politisch Politik Politiker	8
278	**πολλάκις**	oft	10

---

274   1) εἰσὶν ἐμοὶ ἐκεῖ ξένοι, οἵ σε περὶ πολλοῦ **ποιήσονται**. (45c)
[→28, 163, 179.2, 215, 226, 246]

2) ἔγνων οὖν αὖ καὶ περὶ τῶν ποιητῶν ἐν ὀλίγῳ τοῦτο, ὅτι οὐ σοφίᾳ **ποιοῖεν**, ἃ **ποιοῖεν**. (22b-c)

275   Μέλητός φησί με **ποιητὴν** εἶναι θεῶν. (≈3b)   [→20.2]

279 ↓	**πολύς**, πολλή, πολύ πλείων – πλεῖστος *Adv.* πολύ	viel	146
	• οἱ πολλοί	die Mehrheit, die Leute, die Masse	
280 ↓	**ποτε**	1. einst, einmal; jemals 2. eigentlich/denn	23
	• τί ποτε;	was eigentlich / was denn?	
281 ↓	**πότερον ... ἤ ...**	(ob) ... oder ...	17
282	**που** *(Unsicherheit oder Vorsicht anzeigend)*	denn, doch, wohl, *oft:* ∅	28
283 ↓	**τὸ πρᾶγμα**, τοῦ πράγματος	Tat(sache), Sache; Handlung	23
	• οὐδὲν πρᾶγμα (ἐστίν)	es ist unwichtig / nicht von Bedeutung	
	• πράγματα παρέχω	Schwierigkeiten machen	

---

279   [→9.1, 12, 23.2, 130, 179.2, 240.2, 243.2]

280   Χαιρεφῶν **ποτε** εἰς Δελφοὺς ἐλθὼν ἐτόλμησε τοῦτο μαντεύσασθαι *(dem Orakel als Frage stellen).* (≈21a)
[→96, 156.1, 210, 272]

281   [→91, 111, 155.2]

284	πράττω		handeln, tun	44
↓	πράξω, ἔπραξα, πέπραχα,			
	πέπραγμαι, ἐπράχθην,			
	πραχθήσομαι – πρακτέος			

285	ὁ πρεσβύτερος		älterer Mann	9

286	πρίν		bis; ehe, bevor	7
↓				

287	πρό *mit Gen.*		vor; für, anstelle,	6
↓			außer	

288	πρός	*mit Gen.*	von ... her	63
↓		• πρὸς Διός	bei Zeus!	
		mit Dat.	bei; zusätzlich zu	
		• πρὸς τούτοις	außerdem	
		mit Akk.	zu; gegen, gegenüber	

283	1) ἀλλ᾽, ὦ Σώκρατες, τὸ σὸν τί ἐστι **πρᾶγμα**; (20c)
	2) τὸ καταγελασθῆναι ἴσως οὐδὲν **πρᾶγμα**. (3c) [→30, 127]
284	1) εἰ δέ τίς μου λέγοντος καὶ τὰ ἐμαυτοῦ **πράττοντος** ἐπιθυμοῖ ἀκούειν, εἴτε νεώτερος εἴτε πρεσβύτερος, οὐδενὶ πώποτε ἐφθόνησα *(verweigern)*. (33a) [→93.2, 105, 155.2, 339]
	2) φήσεις ταῦτα ποιῶν δίκαια **πράττειν**; (51a)
286	**πρὶν** μὲν ἐμὲ δεῖν ἀποθνῄσκειν, καλῶς ἐλέγετο οὗτος ὁ λόγος, νῦν δὲ κατάδηλος ἄρα ἐγένετο, ὅτι ἕνεκα λόγου ἐλέγετο, ἦν δὲ παιδιὰ *(Spaß)* ὡς ἀληθῶς; (≈46d) [→23.1, 94.1]
287	[→179.2, 309]
288	Σωκράτης ἔγνωκεν, ὅτι οὐδενὸς ἄξιός ἐστι τῇ ἀληθείᾳ **πρὸς** σοφίαν. (23b) [→172, 178, 190, 241.2]

289	πρόσθεν / ἔμπροσθεν *Adv.*	vorher, früher	8
	• ἐν τῷ (ἐμ-)πρόσθεν (χρόνῳ)	in der Zeit davor	
290 ↓	προστάττω προστάξω, προσέταξα, προστέταγμαι	anordnen, befehlen	7
291	πρότερον	früher, eher	12
292	πρῶτος • πρῶτον *Adv.*	der erste zuerst; erstens	18
293 ↓	πώποτε	jemals	13
294 ↓	πῶς	wie	14
295	πως	irgendwie, ungefähr	6
296	ῥᾴδιος ῥᾴων – ῥᾷστος	leicht	13

---

290 ἐμοὶ δὲ τοῦτο, ὡς ἐγώ φημι, **προστέτακται** ὑπὸ τοῦ θεοῦ πράττειν. (33c) [→258, 266.1]

293 [→46.1, 243.1]

294 1) **πῶς** λέγεις, ὦ Μέλητε; (24e)

2) „οὐκοῦν καὶ φιλούμενόν τί ἐστιν καὶ τούτου ἕτερον τὸ φιλοῦν;" — „**πῶς** γὰρ οὔ;" (10a)

297 ↓	σαφής, -ής, -ές	deutlich, klar; genau	12
298 ↓	σεαυτοῦ, σεαυτῆς, σεαυτοῦ / σαυτοῦ, σαυτῆς, σαυτοῦ	deiner, dir, dich (Reflexivpron.)	20
299 ↓	σκοπέω / ἐπισκοπέω / (ἐπι)σκοπέομαι σκέψομαι, ἐσκεψάμην, ἔσκεμμαι – σκεπτέος	betrachten, prüfen, erwägen	23
300 ↓	σός, σή, σόν	dein	23
301	ἡ σοφία	Weisheit, Klugheit, Wissen	19
302 ↓	σοφός	weise, klug	42

---

297 1) ἀλλ' ἐγὼ πειράσομαι **σαφέστερον** φράσαι. (10a)

2) πολλοῖς δόξω, οἳ ἐμὲ καὶ σὲ μὴ **σαφῶς** ἴσασιν[227], ὡς οἷός τ' ὢν σε σῴζειν, εἰ ἤθελον ἀναλίσκειν *(ausgeben)* χρήματα, ἀμελῆσαι. (44b-c)

298 ἴσως σὺ μὲν δοκεῖς σπάνιον *(selten)* **σεαυτὸν** παρέχειν καὶ διδάσκειν οὐκ ἐθέλειν τὴν **σεαυτοῦ** σοφίαν. (3d)
[→64.2, 127, 150]

299 1) ἐξ ἀρχῆς ἄρα ἡμῖν πάλιν *(wieder)* **σκεπτέον**, τί ἐστι τὸ ὅσιον. (15c)   [→31, 43.1, 105, 155.2, 226]

2) φέρε δή, **ἐπισκεψώμεθα**, τί λέγομεν. (7a)

300 ἆρ' οὖν μοι, ὦ θαυμάσιε Εὐθύφρων, κράτιστόν ἐστι μαθητῇ *(Schüler)* **σῷ** γενέσθαι; (5a)   [→19, 140, 255, 283.1]

| 303 | σύ | du | 193 |

σοῦ / σοί / σέ
σου, σοι, σε

| 304 ↓ | συγχωρέω | nachgeben, zugeben, zustimmen | 6 |

| 305 ↓ | σύνειμι *(mit Dat.)* | mit jmd. zusammen-sein | 10 |

Aor. συνεγενόμην   mit jmd. zusammen-kommen

| 306 | σφόδρα | sehr, heftig | 6 |

| 307 | σχεδόν | beinahe; ungefähr | 6 |
• σχεδόν τι   so ziemlich

| 308 ↓ | σῴζω | retten, bewahren; *Pass.:* sich retten; am Leben bleiben | 11 |

σώσω, ἔσωσα, σέσωκα, σέσῳσμαι, ἐσώθην

---

302   [→10, 29, 61, 67, 82.1, 112.1+2, 138, 193.2, 311, 317.3]

304   1) νῦν οὖν εἰ καὶ σοὶ ταῦτα συν-δοκεῖ τῷ εὖ εἰδότι περὶ τῶν τοιούτων, ἀνάγκη δὴ καὶ ἡμῖν **συγχωρεῖν**. (6a-b)

2) καὶ σὺ τοῦτο **συγχωρήσαις** ἄν, ὡς, ἐπειδάν τι ὅσιον ποιῇς, βελτίω τινὰ τῶν θεῶν ἀπ-εργάζῃ; (13c)   [→240.4]

305   σὺ δὲ **συγγενέσθαι** μοι καὶ διδάξαι ἔφυγες καὶ οὐκ ἠθέλησας. (26a)   [→100.2, 161.2, 323, 344]

308   οὐ γὰρ ἔστιν ὅστις ἀνθρώπων **σωθήσεται** οὔτε ὑμῖν οὔτε ἄλλῳ πλήθει *(Volksmenge)* οὐδενὶ ἐναντιούμενος. (31e) [→127, 297.2]

309 ↓	τάττω τάξω, ἔταξα, τέταχα, τέταγμαι, ἐτάχθην	aufstellen; anordnen, befehlen	6
310 ↓	ταύτῃ	so, auf diese Weise	8
311 ↓	τάχα *mit* ἄν *und Optativ*	bald vielleicht	6
312 ↓	τε *(enklitisch)* • ... τε καὶ ...	und sowohl – als auch; ... und ...	140
313 ↓	τὸ τεκμήριον	Zeichen, Beweis	7
314 ↓	τελευτάω	beenden; sterben	8

---

309 οὗ *(wo)* ἄν τις ἑαυτὸν **τάξῃ** ἢ ὑπ᾽ ἄρχοντος **ταχθῇ**, ἐνταῦθα δεῖ μένοντα κινδυνεύειν, μηδὲν ὑπολογιζόμενον *(Rücksicht nehmen auf)* μήτε θάνατον μήτε ἄλλο μηδὲν πρὸ τοῦ αἰσχροῦ. (28d)
[→68.1]

310 [→138, 157]

311 οὗτοι δὲ **τάχ**᾽ ἄν, οὓς ἄρτι ἔλεγον, μείζω τινὰ ἢ κατ᾽ ἄνθρωπον σοφίαν σοφοὶ εἶεν. (20d-e) [→1.2]

312 [→195, 238.2; vgl. 230]

313 ὦ Σώκρατες, μεγάλα ἡμῖν τούτων **τεκμήριά** ἐστιν, ὅτι σοι καὶ ἡμεῖς ἠρέσκομεν καὶ ἡ πόλις. (52b) [→264.2]

314 ἀνάγκη δὴ εἰς αὔριον *(morgen)* ἔσται, ὦ Σώκρατες, τὸν βίον σε **τελευτᾶν**. (43d) [→1.1, 138]

315 ↓	**τιμάω**	ehren; anerkennen, respektieren	20
	τιμάομαι *mit Gen. und Dat.*	(gegen jmd. etw. als Strafe) beantragen	
316 ↓	**τίς; τί;** *(Akut!)*	wer? was? welcher/e/es?	120
	τί δέ; *(überleitend)*	Wie nun weiter?	
317 ↓	**τις, τι** *(enklitisch)* τινος (του), τινι (τῳ), τινα / τι • τις *(einschränkend)*	(irgend)jemand, man; (irgend)ein, ein gewisser ziemlich; ungefähr	229

315 1) οὐχ ἱκανῶς δοκεῖ σοι λέγεσθαι, ὅτι οὐ πάσας χρὴ τὰς δόξας τῶν ἀνθρώπων **τιμᾶν**, ἀλλὰ τὰς μέν, τὰς δ' οὔ; (47a)

2) ἔτι τοίνυν ἐν αὐτῇ τῇ δίκῃ ἐξῆν σοι φυγῆς *(Verbannung)* **τιμήσασθαι**, εἰ ἐβούλου. (52c)   [→187.2, 240.4, 264.2]

316 ἐκεῖνος, ὥς φησιν, οἶδε, **τίνα** τρόπον οἱ νέοι διαφθείρονται καὶ **τίνες** οἱ διαφθείροντες αὐτούς. (2c)
          [→31, 50.3, 77, 80.1, 130, 151.1, 210, 325, 338]

317 1) „ἀλλὰ μὲν δή", φαίη γ' ἄν **τις**, „οἷοί τέ εἰσιν ἡμᾶς οἱ πολλοὶ ἀποκτεινύναι[36]." (48a)

2) πολλὴ ἄν **τις** εὐδαιμονία *(Glück)* εἴη περὶ τοὺς νέους, εἰ εἷς μὲν μόνος αὐτοὺς διαφθείρει, οἱ δ' ἄλλοι ὠφελοῦσιν. (25b)

3) εἰ δή **τῳ** σοφώτερός **του** φαίην εἶναι, τούτῳ ἄν, ὅτι οὐκ εἰδὼς ἱκανῶς περὶ τῶν ἐν Ἅιδου οὕτω καὶ οἴομαι οὐκ εἰδέναι. (29b)
          [→84, 90, 100.1, 151.3, 187.2, 204, 210, 294.2]

318	**τοι / τοίνυν**	also, folglich; gewiss; *oft:* ∅	20
319 ↓	**τοι-οῦτος**, τοι-αύτη, τοι-οῦτο(ν)	so beschaffen, ein solcher, einer von dieser Art	68
320	**τολμάω**	wagen	6
321 ↓	**τοσ-οῦτος**, τοσ-αύτη, τοσ-οῦτο(ν)	so groß, so viel	15
322	**τότε**	da, dann, damals	10
323 ↓	**τρέφω / ἐκτρέφω** θρέψω, ἔθρεψα, τέτροφα, τέθραμμαι, ἐτράφην	ernähren, groß werden lassen	9
324	**ὁ τρόπος**	Art und Weise	13
325 ↓	**τυγχάνω** *mit Part.* τεύξομαι, ἔτυχον, τετύχηκα	es trifft sich, dass; zufällig, gerade, in Wirklichkeit, *oft:* ∅	29

---

319 [→38.2, 160, 187.2, 201.1, 270.2]

321 [→161.2, 335.1]

323 οἱ παῖδες αὐτοῦ *(hier)* δὲ **τρεφόμενοι** βέλτιον **θρέψονται** καὶ παιδεύσονται μὴ συνόντος σοῦ αὐτοῖς; (≈54a)　　　　　[→60.3]

| 326 | ὁ υἱός / ὑός
Nom./Akk. Pl.: ὑεῖς
Dual: τὼ ὑεῖ | Sohn | 12 |

| 327 | ὑμεῖς
ὑμῶν, ὑμῖν, ὑμᾶς | ihr | 140 |

| 328
↓ | ὑπέρ *mit Gen.* | über, für,
um ... willen | 16 |

| 329 | ὑπηρετικός | dienend | 7 |

| 330
↓ | ὑπό *mit Gen.* | 1. unter
2. von, infolge von | 61 |

| 331
↓ | φαίνομαι
φανοῦμαι, ἐφάνην, πέφηνα
• φαίνομαι *mit Part.* | scheinen, erscheinen

sich zeigen, offenbar
sein | 26 |

---

325 τίς ἡ ὠφελία *(Nutzen)* τοῖς θεοῖς **τυγχάνει** οὖσα ἀπὸ τῶν δώρων *(Gaben)*, ὧν παρ' ἡμῶν λαμβάνουσιν; (14e)
[→11, 134, 163, 227.2, 335.3]

328 τοῖς δὲ ἀποψηφισαμένοις *(für Freispruch stimmen)* ἡδέως ἂν διαλεχθείην **ὑπὲρ** τοῦ γεγονότος τουτουῒ πράγματος. (39e)
[→38.1]

330 1) Σωκράτης ἀδικεῖ ζητῶν τά τε **ὑπὸ** γῆς *(Erde)* καὶ οὐράνια *(Himmelserscheinungen)* καὶ τὸν ἥττω λόγον κρείττω ποιῶν καὶ ἄλλους ταὐτὰ ταῦτα διδάσκων. (19b-c)

2) καὶ ἐὰν ταῦτα ποιῆτε, δίκαια πεπονθὼς[266] ἐγὼ ἔσομαι **ὑφ'** ὑμῶν αὐτός τε καὶ οἱ ὑεῖς. (41e-42a)

332	**φάσκω**	sagen, behaupten	6

333 ↓	**φαῦλος**	geringwertig, schlecht	7

334 ↓	**φέρω** οἴσω, ἤνεγκον, ἐνήνοχα, ἐνήνεγμαι, ἠνέχθην	tragen, bringen, ertragen	19
	• φέρε *(beim Imperativ)*	wohlan! nun (los)!	

335 ↓	**φεύγω** φεύξομαι, ἔφυγον, πέφευγα	fliehen, meiden; angeklagt sein; verbannt werden	9

---

331   κἂν **φαινώμεθα** ἄδικα αὐτὰ ἐργαζόμενοι, μὴ οὐ δέῃ ὑπολογίζεσθαι *(Rücksicht nehmen auf)* οὔτ' εἰ ἀποθνῄσκειν δεῖ παραμένοντας καὶ ἡσυχίαν ἄγοντας, οὔτε ἄλλο ὁτιοῦν πάσχειν. (48d)
[→95, 148, 270.2]

333   πράττεις, ἅπερ ἂν δοῦλος *(Sklave)* ὁ **φαυλότατος** πράξειεν. (52d)

334   1) ἀγγελίαν *(Nachricht)*, ὦ Σώκρατες, **φέρω** χαλεπήν. (≈43c)

2) ὑμεῖς μὲν ὄντες πολῖταί *(Mitbürger)* μου οὐχ οἷοί τε ἐγένεσθε **ἐνεγκεῖν** τὰς ἐμὰς διατριβὰς *(Beschäftigung)* καὶ τοὺς λόγους · ἄλλοι δὲ ἄρα αὐτὰς **οἴσουσι** ῥᾳδίως; πολλοῦ γε δεῖ, ὦ ἄνδρες Ἀθηναῖοι. (37c-d)   [→111]

335   1) μή πως ἐγὼ ὑπὸ Μελήτου τοσαύτας δίκας **φεύγοιμι**. (19c)

2) ὅτι γὰρ κινδυνεύσουσί γέ σου οἱ ἐπιτήδειοι καὶ αὐτοὶ **φεύγειν** καὶ στερηθῆναι *(beraubt werden)* τῆς πόλεως ἢ τὴν οὐσίαν *(Besitz, Vermögen)* ἀπολέσαι[37], σχεδόν τι δῆλον. (53b)

3) ἃ μὴ οἶδα, εἰ καὶ ἀγαθὰ ὄντα τυγχάνει, οὐδέποτε *(niemals)* φοβήσομαι οὐδὲ **φεύξομαι**. (29b)   [→305]

336 ↓	**φημί** φήσω, ἔφησα *Imperf.* ἔφην *Inf.* φάναι	sagen, behaupten	94
337 ↓	**φιλέω**	lieben, schätzen	36
338 ↓	**φίλος** • ὁ φίλος	lieb Freund	22
339 ↓	**φοβέομαι** φοβήσομαι, ἐφοβήθην, πεφόβημαι • φοβέομαι, μή *mit Konj.*	sich fürchten, etw. fürchten; Ehrfurcht empfinden vor fürchten, dass	13
340	**ὁ φόνος**	Mord, Totschlag	10
341 ↓	**φράζω** φράσω, ἔφρασα	sagen, zeigen	6

---

336 τοῦτο οἶμαι οἱ ἀδικοῦντες οὐ τολμῶσι λέγειν οὐδ᾽ ἀμφισβητεῖν, ὡς οὐχί, εἴπερ ἀδικοῦσί γε, δοτέον δίκην, ἀλλ᾽ οἶμαι οὔ **φασιν** ἀδικεῖν. (≈8c-d) [→23.3, 98.1, 155.1, 317.1]

337 [→23.3, 108, 241.1, 294.2]

338 τίς ἂν αἰσχίων εἴη ταύτης δόξα ἢ δοκεῖν χρήματα περὶ πλείονος ποιεῖσθαι ἢ **φίλους;** (44c) [→82.1, 101]

339 τούτων οὕτω πραχθέντων, ὡς σὺ λέγεις, οὐ **φοβῇ** δικαζόμενος τῷ πατρί, ὅπως μὴ αὖ σὺ ἀνόσιον πρᾶγμα τυγχάνῃς πράττων; (4e) [→ 68.1, 91, 335.3]

342 ↓	φροντίζω *mit Gen.*	sich um etw. kümmern	8
343 ↓	χαλεπός	schwierig, unangenehm	13
344 ↓	χράομαι *mit Dat.* *(kontrahiert in -η- und -ω-)*	gebrauchen, benutzen, sich bedienen	6
345 ↓	χρή *Imperf.* (ἐ)χρῆν	es ist nötig, man muss	18
346 ↓	τὸ χρῆμα, τοῦ χρήματος • τὰ χρήματα	Sache, Ding Besitz, Vermögen, Geld	21
347	ὁ χρόνος	Zeit	21

---

341 [→57, 243.1, 297.1]

342 μὴ τὸν Ἀχιλλέα οἴει **φροντίσαι** θανάτου καὶ κινδύνου; (≈28d)
[→130, 137]

343 [→243.2, 334.1]

344 εἷς μέν τίς ἐστιν ὁ βελτίους οἷός τ᾽ ὢν τοὺς ἵππους ποιεῖν ἢ πάνυ ὀλίγοι, οἱ ἱππικοί, οἱ δὲ πολλοί, ἐάνπερ συνῶσι[305] καὶ **χρῶνται** ἵπποις, διαφθείρουσιν; (≈25b)   [→225.1]

345 καὶ ἄλλους πολλοὺς ἐγὼ ἔχω ὑμῖν εἰπεῖν, ὧν τινα **ἐχρῆν** μάλιστα μὲν ἐν τῷ ἑαυτοῦ λόγῳ παρασχέσθαι Μέλητον μάρτυρα. (34a)
[→68.2, 105, 315.1]

346 [→12, 43.2, 196, 297.2, 338]

348 ↓	**ψεύδομαι** ψεύσομαι, ἐψευσάμην	lügen	6
	ψεύδομαι *(Pass.)* mit Gen. ψευσθήσομαι, ἐψεύσθην	sich in etw. täuschen	
349	**ὦ** *(Anredepartikel, mit Vokativ)* • ὦ ἄνδρες Ἀθηναῖοι	..., mein(e) ...; *(oft:)* ∅ ihr Männer von Athen	254
350	**ὧδε**	so, folgendermaßen	6
351 ↓	**ὡς** *als Subjunktion* ὡς *als Hauptsatzeinl.* ὡς *mit Part.* ὡς *mit Part. Fut.* ὡς *mit Superlativ*	wie; dass denn in der Meinung, dass; als ob um zu möglichst	161

---

348   1) ὅστις τοῦτο φησί, **ψεύδεταί** τε καὶ ἐπὶ διαβολῇ τῇ ἐμῇ λέγει. (≈20e)

2) τούτους δέ γε τοὺς χειροτέχνας *(Handwerker)* ᾔδη[227], ὅτι εὑρήσοιμι πολλὰ καὶ καλὰ ἐπισταμένους. καὶ τούτου οὐκ **ἐψεύσθην**. (≈22d)

351   1) δεδίασι δὲ τὸν θάνατον **ὡς** εὖ εἰδότες, ὅτι μέγιστον τῶν κακῶν ἐστι. (≈29a)

2) **ὡς** διαβαλῶν σε δὴ Μέλητος ἔρχεται εἰς τὸ δικαστήριον. (≈3b)

3) ἀλλ᾽, ὦ δαιμόνιε Σώκρατες, ἔτι καὶ νῦν ἐμοὶ πείθου καὶ σώθητι· **ὡς** ἐμοί, ἐὰν σὺ ἀποθάνῃς, οὐ μία συμφορά *(Unglück)* ἐστιν. (44b)   [→35, 50.5, 68.2, 94.1, 112.2]

352 ὥσπερ ↓		wie	47
353 ὥστε ↓	als Hauptsatzeinleitung:	1. (so)dass 2. daher	34
354 ὠφελέω mit Akk. ↓		unterstützen, nützen, helfen	7

---

352 [→23.2, 125, 227.1]

353 [→84, 161.2, 230]

354 [→33, 100.2, 317.2]

Übersetzungen der Beispielsätze

1.1 Es gibt für einen anständigen Mann nichts Schlimmes, weder im Leben noch nach dem Tod. 1.2 Bald, mein Guter, werden wir es besser wissen. – 5 Er sagt, dass Sokrates Unrecht tue, indem er die Jugend verdirbt und nicht an die Götter glaubt, an welche die Stadt glaubt. – 9.1 Was viele andere anständige Männer zu Fall gebracht hat, das wird, glaube ich, auch mich zu Fall bringen. 9.2 Man muss aber das wählen, was ein anständiger und tapferer Mann wählen würde. – 10 Ich merkte, dass die Dichter wegen ihrer Dichtkunst glaubten, auch in den anderen Angelegenheiten besonders kluge Menschen zu sein. – 11 Unrecht zu tun ist für den, der Unrecht tut, auf jede Weise schlimm und schändlich. – 12 Schämst du dich nicht, dich um Besitz zu bemühen, dass du möglichst viel <davon> hast, und um deinen Ruf und deine Ehre? – 13.1 Ihr werdet von mir aber die ganze Wahrheit hören. 13.2 Wenn ihr hören werdet, dass ich mich mit denselben Worten verteidige, mit denen ich auch auf dem Marktplatz gewohnt bin zu sprechen, wo viele von euch zugehört haben, dann wundert euch nicht und werdet nicht unruhig deswegen. – 16 Ich schäme mich, euch, ihr Männer, die Wahrheit zu sagen; aber trotzdem muss sie gesagt werden. – 17 Nun gehorche mir und handele nicht anders! – 19 Von den Göttern, Euthyphron, halten nach deiner Argumentation die einen dies, die anderen das für gerecht. – 20.1 Folgendes habe ich gleich überlegt, während du sprachst: (…). 20.2 Ich befragte die Dichter, was sie meinen, um zugleich noch etwas von ihnen zu lernen. – 22 Sie behaupten also nicht [jenes], dass ein Übeltäter nicht bestraft werden müsse, sondern sie streiten vielleicht darüber (über jenes), wer der Übeltäter ist. – 23.1 Du darfst nicht entlassen werden, bis du die Wahrheit gesagt hast. 23.2 Wenn ihr so wie [auch] andere Menschen ein Gesetz hättet, über einen Antrag auf Todesstrafe (den Tod) nicht nur einen Tag lang zu urteilen, sondern mehrere (viele), dann hättet ihr euch <vielleicht> überzeugen lassen; aber jetzt ist es nicht leicht, in kurzer Zeit schwerwiegende Verleumdungen zu widerlegen. 23.3 Ich jedenfalls würde behaupten, dass das das Gottgefällige ist, was alle Götter schätzen. – 24 Du siehst, dass es notwendig ist, Sokrates, auch die Meinung der Leute zu berücksichtigen. – 28 Und wenn du das tust, wird es für dich <dann noch> richtig sein <weiter> zu leben? – 29 Jeder glaubte, weil er sein Handwerk gut ausübt, dass er auch sonst in Bezug auf die wichtigsten Fragen sehr klug sei. – 30 Aber das ist mir klar, dass es für mich besser wäre, bereits tot und von <allen> Schwierigkeiten befreit zu sein. – 31 Ich musste nun zu allen, die etwas zu wissen schienen, gehen und prüfen, was der Orakelspruch bedeutete. – 32 Schon ist es Zeit wegzugehen, für mich um zu sterben, für euch um <weiter> zu leben. – 33 Aber glaubst du, Sokrates, dass die Götter von dem, was sie von uns bekommen, Nutzen haben? – 34 Ist denn der, der von deinem Vater getötet wurde, einer eurer Verwandten? – 35 So, wie ich wollte, dass du antworten solltest, hast du jetzt geantwortet. – 37.1 Das Entgegengesetzte zu dem, was den Göttern angenehm ist, ist gottlos, welches auch alles zerstört und vernichtet. 37.2 Wenn ich früher versucht hätte, Politik zu betreiben, wäre ich schon lange zugrunde gegangen. – 38.1 Jetzt also, ihr Männer von Athen, bin ich weit entfernt davon, für mich eine Verteidigung vorzutragen, wie man glauben könnte, sondern für euch. 38.2 Was ich zur Verteidigung vortragen könnte, ist ungefähr dies und vielleicht <noch> anderes von dieser Art. – 41 „Ist es nicht so?" — „So ist es." – 43.1 Ich bitte euch darum, genau dies zu prüfen und darauf zu achten, ob ich Gerechtfertigtes sage oder nicht; denn das ist die Aufgabe eines Richters, eines Redners aber die Wahrheit zu sagen. 43.2 Nicht aus Besitz entsteht Tugend, sondern aus Tugend Besitz und all die anderen Güter für die Menschen, sowohl im privaten als auch im öffentlichen Leben. – 46.1 Ich habe niemals irgendein anderes Amt ausgeübt, ich war <nur> Ratsherr. 46.2 Sag wieder von neuem (von Anfang), was das Gottgefällige und das Gottlose ist. – 47 Es scheint mir geradezu, dass Meletos sich anschickt (beginnt) der Stadt zu schaden, wenn er versucht, dir ein Unrecht anzutun. – 49 Noch einmal wollen wir <uns> deren Anklage wieder vornehmen. – 50.1 Man muss tun, was die Stadt und die Heimat befiehlt, oder sie davon überzeugen, wie das Gerechte <beschaffen> ist. 50.2 Wer von ihnen ist klug? 50.3 Was aber <machen> die Götter? Würden sie sich, wenn sie sich über etwas streiten, nicht genau deswegen streiten? 50.4 Es ist nicht dasselbe, sondern das genaue Gegenteil. 50.5 Meletos kommt um mich anzuklagen, in der Meinung, ich würde seine Altersgenossen verderben. – 51 Jetzt wollen (werden) wir dem Anytos nicht Folge leisten, sondern wir lassen dich gehen. – 52 Ist das Schiff aus Delos schon angekommen, nach dessen Ankunft ich sterben muss? – 54 Ein ungeprüftes Leben ist für den Menschen nicht lebenswert. – 55 Wenn ihr mich tötet, werdet ihr nicht mir in größerem Maße schaden als <vielmehr> euch selbst. – 56 Nun überlege – aber eher ist es nicht mehr die Zeit zu überlegen, sondern schon überlegt zu haben. – 57 Wenn du es so willst, Sokrates, werde ich es dir auch so sagen. – 58.1 Betrachte das daraus Folgende: Wenn nämlich das Gottgefällige ein Teil des Gerechten ist, müssen wir herausfinden, welcher Teil des Gerechten das Gottgefällige ist. 58.2 „Dass sich die Götter untereinander streiten, sagt man das auch?" — „Ja, das sagt man." – 60.1 Nicht unerwartet hat sich mir dies Geschehen ereignet. 60.2 Ich bin niemals irgendjemandes Lehrer geworden. 60.3 „Nachdem du", könnten die Gesetze sagen, „geboren worden, groß geworden und erzogen worden bist, könntest du da behaupten, dass du nicht unser Abkömmling warst?" – 61 Wird der wirklich weise Sokrates erkennen, dass ich scherze und mir Widersprechendes sage? – 62 Die Athener nennen es nicht einen Privatprozess, sondern eine öffentliche Anklage. – 63 Jemand hat, wie es scheint, eine öffentliche Anklage gegen dich eingereicht. – 64.1 Wenn ich an göttliche Wesen glaube, dann besteht doch wohl große Notwendigkeit, dass ich auch an Gottheiten glaube. 64.2 Ich verstehe, Sokrates, dass du behauptest, dass dir ab und zu die göttliche Stimme widerfährt. – 65 „Halten wir nicht die Dämonen (Gottheiten) für Götter oder Kinder von Göttern? Behauptest du das oder nicht?" — „Ganz genau." – 67 Denn den Tod zu fürchten, ihr Männer, ist nichts anderes als den Anschein zu erwecken weise zu sein ohne es zu sein. – 68.1 Ich hätte mich also schrecklich verhalten, wenn ich, nachdem der Gott <mir> aufgetragen hatte, mein Leben, wie ich glaubte, philosophierend und mich selbst und die anderen prüfend führen zu sollen, da den Tod oder irgendeine andere Sache fürchten würde und daher meine Stellung aufgäbe. 68.2 Sie haben gesagt, dass ihr euch in Acht nehmen müsstet, dass ihr nicht von mir betrogen werdet, da ich ja redegewandt sei. – 69 Es scheint mir auch nicht recht, einen Richter anzuflehen und aufgrund der Bitte freigesprochen zu werden, sondern ihn zu informieren und zu überzeugen. – **74.1** Du bist nicht willig, mir <etwas> beizubringen; das ist offensichtlich. **74.2** Wohlan, Meletos, sage jetzt diesen Leuten: Wer macht die jungen Leute besser? Denn offensichtlich weißt du es, da es dir doch wichtig ist. – **76** Und vielleicht wäre ich deswegen getötet worden, wenn nicht die Herrschaft nach kurzer Zeit gestürzt worden wäre. – **77** Mit welchen Behauptungen (was sagend) haben <mich> die Verleumder verleumdet? – **78** Das ist die Verleumdung gegen mich. – **80.1** Worüber könnten wir streiten und einander feind sein? **80.2** Ich unterscheide mich darin und dadurch vielleicht von der Mehrheit der Leute. – **81** Von den jungen Leuten verderbe ich die einen <immer noch>, die anderen habe ich <schon> verdorben. – **82.1** Wohlan, lieber Euthyphron, belehre jetzt auch mich, damit ich klüger werde. **82.2** Ich will euch informieren, woher mir die Verleumdung entstanden ist. – **83** Wer Unrecht getan hat, muss bestraft werden. – **84** Du selbst wirst, wenn du in eine der Städte hier ganz in der Nähe gehst, die Meinung der Richter (den Richtern die Meinung) bestärken, so dass sie glauben werden, den Prozess richtig entschieden zu haben. – **90** Ich weiß, dass dies <nur> einigen wenigen richtig scheint und scheinen wird. – **91** Müssen wir der Meinung der Mehrheit folgen und sie respektieren oder der des einen, wenn es einen Sachverständigen gibt, den man eher respektieren und fürchten muss als alle anderen? – **93.1** Wenn ihr mich tötet, werdet ihr nicht leicht einen anderen von dieser Art finden. **93.2** Wenn einer den Göttern Angenehmes zu sagen und zu tun weiß, dann ist das das Gottgefällige. – **94.1** Ich habe diesen Weg eingeschlagen und dabei versucht, einen jeden von euch davon zu überzeugen, sich nicht eher um etwas von seinem eigenen <Besitz> zu kümmern, bevor er sich um sich selbst kümmert, dass er möglichst gut werde. **94.2** Die Schlechten tun jeweils denen in ihrer Nähe etwas Schlechtes an, die Guten dagegen Gutes. – **95** Wenn es richtig erscheint, dass ich von hier wegzugehen versuche, dann lass es uns versuchen, andernfalls wollen wir es sein lassen. – **96** Und ich werde versuchen, euch zu erklären, was eigentlich das ist, was mir <diesen> Ruf und <diese> Verleumdung eingebracht hat. – **98.1** Sie werden behaupten, dass ich weise bin, obwohl ich es nicht bin. **98.2** Es wäre dir erlaubt wegzugehen, wenn wir dir nicht gefallen würden. 98.3 Chairephon fragte, ob jemand weiser sei als ich. – 100.1 Nicht dazu habe ich dich aufgefordert, mich über eine oder zwei von den vielen gottesfürchtigen Taten (Dinge) zu informieren, sondern über eben jenes Muster, durch das die gottesfürchtigen Taten gottesfürchtig sind. 100.2 Will nun jemand von den Menschen in seinem Umfeld lieber geschädigt als unterstützt werden? 100.3 Wir urteilen keinesfalls richtig, wenn (die) wir glauben, der Tod sei etwas Schlechtes. – 101 Doch dies mag seinen Lauf nehmen, wie es dem Gott lieb ist, es muss aber dem Gesetz gehorcht und eine Verteidigung vorgetragen werden. – 105 Wir müssen also prüfen, ob dies getan werden muss oder nicht. – 107 Chairephon war von klein auf mein Freund. – 108 Was ein jeder (eigtl. Plural) für gut, anständig und gerecht hält, das schätzt er auch, das Gegenteil davon aber verabscheut er, nicht wahr? – 111 „Nun denn, führst du mich hierher vor Gericht, weil ich die jungen Leute absichtlich oder unabsichtlich verderbe?" — „Absichtlich, <meine> ich." – 112.1 Die Anwesenden glauben nämlich jedes Mal, dass ich selbst darin klug sei, worin ich einen anderen prüfe. 112.2 Ich ging zu einem von denen, die den Anschein erweckten klug zu sein, um dadurch, wenn überhaupt, das Orakel zu widerlegen. – 114 Bleibt bei dem, worum ich euch gebeten habe. – 117 Denn auf jeden Fall (nicht keinesfalls) hätte sich mir das gewohnte Zeichen widersetzt, wenn ich im Begriff gewesen wäre, etwas Ungutes zu tun. – 118 Ihr werdet ganz das Gegenteil davon herausfinden, ihr Männer. – 119 Damals freilich habe ich nicht durch Wort, sondern wiederum durch Tat nachgewiesen, dass mich der Tod auch nicht ein bisschen kümmert. – 124 Ich kann nicht darauf antworten, wonach du fragst, Sokrates; ich verstehe es nämlich nicht. – 125 Es wäre nicht unangenehm, seine Zeit damit zu verbringen, dass man die Leute dort so prüft wie die Leute hier. – 127 Du scheinst mir aber keine gerechte Handlung zu versuchen, <nämlich> dich aufzugeben, obwohl es dir möglich wäre dich zu retten. – 130 Wir dürfen uns also gar nicht so sehr darum kümmern, was die Leute über uns sagen werden, sondern was derjenige <sagen wird>, der über Gerechtes und Ungerechtes Bescheid weiß, dieser eine und die Wahrheit selbst. – 131.1 Denn auch dies scheint mir gut zu sein, wenn einer fähig ist, Menschen zu erziehen.

131.2 Ich nehme an, dass du zustimmst, weil du nicht antwortest. – 134 Du hast gesagt, dass das, was du jetzt machst, da du deinen Vater wegen Mordes anklagst, gottgefällig ist. – 135 Wir lassen dich gehen, aber nur unter der Bedingung, dass du nicht mehr philosophierst. – 137 Für die Seele, dass sie möglichst gut wird, trägst du keine Sorge und kümmerst dich nicht um sie? – 138 Schließlich ging ich also zu den Handwerkern. Sie wussten, was ich nicht wusste, und waren darin klüger als ich. – 140 Beabsichtigst du durch diese Tat, die du versuchst, uns, die Gesetze, und die ganze Stadt nach Kräften zu vernichten? – 141 Alle sind bereit mir zu helfen, der ich ihren Verwandten Schlimmes angetan haben <soll>, wie Meletos und Anytos behaupten. – 144 Du hast also nicht beantwortet, was ich gefragt habe, du Wundersamer. – 146.1 Es ist also das Gottgeliebte nicht gottgefällig und das Gottgefällige nicht gottgeliebt, sondern das eine ist von dem anderen verschieden. 146.2 Ich glaube, dass sich darüber keiner von den Göttern mit einem anderen streitet. – 148 „Und scheint es gut gesagt?" – „Ich meine ja, Sokrates." – 150 Du arbeitest darauf hin, dass solches dir (über dich) geschieht, worauf auch deine Feinde hinarbeiten würden und worauf sie hingearbeitet haben, als sie dich vernichten wollten. – 151.1 Ich weiß nicht, was ich sagen soll. 151.2 Dies ist zwar so, wie ich sage, ihr Männer, aber <euch davon> zu überzeugen, ist nicht leicht. 151.3 Ich habe wegen nichts anderem als wegen einer gewissen Weisheit diesen Ruf erhalten. – 153.1 Die das hören, glauben, dass diejenigen, die dies erforschen, auch nicht an Götter glauben. 153.2 Ihr versucht, meine Reden jetzt loszuwerden. – 155.1 „Behaupten wir das oder nicht?" – „Das behaupten wir." 155.2 Von uns soll nichts anderes geprüft werden als das, was wir gerade gesagt haben, <nämlich> ob wir recht handeln [werden], wenn wir denen, die mich von hier herausführen sollen (werden), Geld zahlen, oder ob wir in Wahrheit unrecht handeln [werden], wenn wir dies machen. – 156.1 Gewiss wird von den Leuten, Euthyphron, verkannt, wie es sich eigentlich verhält. 156.2 Und antworte mir: Scheint es dir, dass es auch bei Pferden so ist? – 157 Man muss also eher so handeln, wie es dem einen richtig erscheint, dem Experten, als <so>, wie es allen anderen <richtig erscheint.> – 160 Ich bin nicht bereit, euch gegenüber solche Sachen zu sagen, die zu hören euch möglicherweise am liebsten wäre. – 161.1 Merkst du nicht, dass unsere Diskussion (uns die Diskussion) wieder am selben <Punkt> angekommen ist? 161.2 Ich bin in ein solches <Ausmaß> an Unverstand gekommen, dass ich sogar [dies] nicht weiß, dass, wenn ich einen von den Leuten, die <mit mir> zusammen sind, schlecht mache, ich Gefahr laufen werde, etwas Schlechtes von ihm zu empfangen. – 163 Das größte Gut für einen Menschen ist [dies], jeden Tag über Tugend zu reden. – 168 Schon lange wundere ich mich über dich, wenn ich sehe, wie ruhig (angenehm) du schläfst. – 170 Ich jedenfalls habe es auch in der früheren Zeit für wichtig gehalten, über die göttlichen Dinge <Bescheid> zu wissen. – 172 Bei den Göttern, scheint dir dies nicht gut gesagt, Kriton? – 175 Pferde versteht nicht jeder zu pflegen, sondern <nur> der Pferdeexperte, nicht wahr? – 176 Und werdet mir nicht unruhig, ihr Männer von Athen, selbst wenn ich bei euch den Eindruck erwecken sollte, angeberisch (groß) zu sprechen. – 178 Darüber nun, was meine ersten Ankläger an Anklagen vorgebracht haben, soll diese Verteidigung vor euch ausreichend sein. – 179.1 Wo Gerechtes ist, da ist auch Frommes? 179.2 Halte weder Kinder noch das Leben noch irgendetwas anderes für wichtiger als die Gerechtigkeit, damit du, wenn du in den Hades kommst, all dies den dort Herrschenden zu deiner Verteidigung vortragen kannst. – 184 Siehst du, Meletos, dass du schweigst und nichts zu sagen weißt? Und scheint es dir nicht in der Tat schändlich zu sein? – 185 Ich meine, dass es für einen besseren Mann nicht rechtens ist, von einem schlechteren Schaden zu erleiden. – 186 Alle Athener, wie es scheint, machen die jungen Leute gut und tüchtig außer mir, ich verderbe sie als einziger. – 187.1 Ein Richter hat geschworen, dass er nach den Gesetzen urteilen wird. 187.2 Weil ich überzeugt bin, niemandem Unrecht zu tun, bin ich weit entfernt, mir ein Unrecht anzutun und gegen mich selbst zu sagen, dass ich irgendetwas Schlechtes verdiene, und etwas von dieser Art als Strafe für mich zu beantragen. – 188 Wenn ich in der Volksversammlung etwas über die göttlichen Dinge sage, indem ich ihnen die Zukunft vorhersage, lachen sie mich aus, als ob ich verrückt wäre. – 189 Ich sage dies aber nicht zu euch allen, sondern <nur> zu denen, die mich zum Tode verurteilt haben. – 190 Zuerst also bin ich verpflichtet, mich gegen die ersten erlogenen Anklagen und die ersten Ankläger zu verteidigen. – 193.1 Wir sind verpflichtet, bei deiner Rettung diese Gefahr auf uns zu nehmen, und, wenn es nötig sein sollte, eine noch größere als diese. 193.2 Es scheint in Wahrheit der Gott weise zu sein. – 195 Ich überlasse es euch und dem Gott, über mich zu urteilen, wie es sowohl für mich als auch für euch am besten sein wird. – 196 <Es ist> auch nicht <so, dass> ich Gespräche führe und <dafür> Geld nehme, <sie> aber nicht <führe>, wenn ich keins bekomme. – 197.1 „Ich verderbe als einziger die jungen Leute. Meinst du es so?" — „Ganz sicher meine ich das." 197.2 Die Ankläger haben überzeugend gesprochen. Und doch haben sie sozusagen nichts Wahres gesagt. – 201.1 „Verstehst du, dass alles von dieser Art voneinander verschieden ist?" — „Ich glaube es zu verstehen." 201.2 Wenn jemand behauptet, er habe von mir jemals etwas privat gelernt oder gehört, was nicht auch alle anderen <gelernt und gehört haben>, so wisst, dass er nicht die Wahrheit sagt. – 204 Denn den Athenern, wie mir scheint, ist es nicht sehr wichtig, wenn sie von einem glauben, dass er begabt ist, wenn er nur nicht erpicht ist auf das Lehren seiner eigenen Weisheit. – 205 Die mir gewohnte Weissagung der göttlichen Stimme war in der ganzen vorherigen Zeit immer ganz häufig und hat bei ganz unwichtigen Dingen protestiert, wenn ich im Begriff war, etwas nicht richtig zu machen. – 206 Dies mag also so sein; sag mir aber Folgendes, Sokrates: (...). – 208 Ich wünschte, die Argumente würden mir gültig bleiben. – 210 Weswegen denn freuen sich manche, viel Zeit mit mir zu verbringen? – 212 Die Leute sind in der Lage, nicht <nur> die kleinsten Übel <einem> anzutun, sondern fast sogar die größten, wenn einer bei ihnen verleumdet ist. – 215 Damals habe ich als einziger von den Prytanen euch Widerstand geleistet, damit ihr nichts gegen die Gesetze tut. – 217 Was gibt es Neues, Sokrates? – 219 Jetzt aber ist mir zugestoßen, was ihr auch selbst sehen <könnt>, das, von dem jemand glauben könnte, dass es das Allerschlimmste der Übel sei, und was auch <tatsächlich> dafür gehalten wird. – 220 Die Tugend, die Gerechtigkeit, die geltenden Maßstäbe und die Gesetze sind am wertvollsten für die Menschen. – 221.1 Dass du aber einen der Menschen, der auch <nur> einen geringen Verstand hat, <davon> überzeugst, dass es nicht Sache desselben <Mannes> sei, sowohl an dämonische als auch göttliche Wesen zu glauben, <dazu> besteht keine Möglichkeit. 221.2 Sage mir,

Sokrates, was hast du vor zu tun? – 224.1 Ich stelle gemäß dem Gott sowohl unter Einheimischen als auch unter Fremden Untersuchungen an, wenn ich glaube, dass einer weise ist. 224.2 Ich bin geradezu unvertraut mit der hier <üblichen> Redeweise. – 225.1 Du bist gewohnt, dich sowohl des Fragens als auch des Antwortens zu bedienen. 225.2 Auf die einen Meinungen muss man achten, auf die anderen dagegen nicht. – 226 Prüfe wiederum folgendes Argument, ob es uns noch bestehen bleibt oder nicht, <nämlich> dass nicht das Leben am meisten geschätzt werden darf, sondern das gute Leben. – 227.1 Dieser glaubt, etwas zu wissen, obwohl er es nicht weiß, ich dagegen, weil (wie) ich es nun nicht weiß, glaube auch nicht, es zu wissen. 227.2 Niemand kennt den Tod, nicht einmal wenn er in Wirklichkeit für den Menschen das größte aller Güter ist. – 229.1 Und dann habe ich versucht, ihm zu zeigen, dass er zwar glaubt, weise zu sein, es aber nicht ist. 229.2 Auch ich selbst kenne den Mann nicht ganz genau; sie nennen ihn jedoch, wie ich glaube, Meletos. – 230 Daher würde ich mich, was ich am Anfang gesagt habe, wundern, wenn ich in der Lage wäre, diese eure Verleumdung, die so umfangreich geworden ist, in so kurzer Zeit zu widerlegen. – 231 Ich nun hätte mich beinahe sogar selbst vergessen, so überzeugend haben die Ankläger gesprochen. – 232 Bleiben wir bei dem, worauf wir uns geeinigt haben, oder nicht? – 235 Mit Namen brauche ich ihn gar nicht zu nennen. – 238.1 Sieh, ob es dir nicht notwendig zu sein scheint, dass alles Fromme gerecht ist. 238.2 Sieh zu, Sokrates, dass zusammen mit dem Übel nicht auch Schändliches dir und uns zuteil wird. – 240.1 Was ich zuvor gesagt habe, so wisset, dass es wahr ist. 240.2 Derjenige muss bestraft werden, der einen <Menschen> unrechtmäßig getötet hat. 240.3 Denn es ist auch nicht viel Geld, was sie bekommen wollen, um dich zu retten und von hier wegzubringen. 240.4 Ich erkenne dieselben Gründe an wie früher; wenn wir nichts Besseres als diese im Moment sagen können, dann wisse, dass ich dir keinesfalls nachgeben werde. – 241.1 Betrachte das Folgende: Wird das Gottgefällige, weil es gottgefällig ist, von den Göttern geschätzt, oder ist es gottgefällig, weil es <von ihnen> geschätzt wird? 241.2 Fordert nun nicht von mir, ihr Männer von Athen, dass ich solches euch gegenüber tun müsse, was ich weder für gut noch gerecht noch gottgefällig halte. – 243.1 Ich bitte euch, die ihr mich irgendwann einmal bei Diskussionen gehört habt, einander zu informieren und zu berichten. 243.2 Es werden mehr sein, die euch prüfen werden; und sie werden <umso> lästiger sein, je jünger sie sind. – 245.1 Was ihr, ihr Männer von Athen, erlebt habt von meinen Anklägern, weiß ich nicht. 245.2 Ich werde keinesfalls aufhören zu philosophieren und euch gut zuzureden, wem auch immer von euch ich jeweils begegne. 245.3 Ich würde gern hören, welche Meinung du darüber hast. – 246 Man darf keinem der Menschen Schaden zufügen, auch nicht, wenn man alles Mögliche von ihnen zu erleiden hat. – 247.1 Mir hat dies von klein auf begonnen, eine Stimme, die mir zuteil wird <und> die, wenn sie <mir> zuteil wird, jeweils von dem abrät, was ich tun will, aber niemals zurät. 247.2 Ich habe oft gesehen, wie manche, wenn sie verurteilt werden, Erstaunliches anstellen. – 248.1 Daraus werdet ihr erkennen, dass es solches und anderes ist, was die Leute über mich erzählen. 248.2 Vielleicht würden die Gesetze sagen: „Sokrates, wundere dich nicht über das Gesagte, sondern antworte." 248.3 Dann könnte mich jemand zu Recht vor Gericht führen, weil ich nicht glaube, dass es Götter gebe. 248.4 Es ist richtig sich zuerst um die jungen Leute zu kümmern, dass sie möglichst gut werden. – 249 Es scheint mir nicht gut zu sein, dass ich irgendetwas davon tue. – 251 Mir werden wohl weder Meletos noch Anytos schaden – denn dazu wären sie nicht einmal in der Lage. – 252.1 Sie hören gar nicht auf, dies zu bestreiten. 252.2 Ich werde also nichts davon tun. – 255 Weder scheint es dir hier besser zu sein, wenn du dies tust, oder gerechter oder gottgefälliger, und auch nicht einem anderen deiner Angehörigen, noch wird es, wenn du in den Hades kommst, besser sein. – 258 Haben unsere dazu aufgestellten Gesetze nicht eine gute Anordnung erlassen, als sie deinem Vater vorschrieben, dich in Musik und Gymnastik auszubilden? – 262.1 Wenn du geantwortet hättest, hätte ich schon ausreichend von dir die Frömmigkeit gelernt. 262.2 Wirst du nach Thessalien zu den Freunden von Kriton kommen? 262.3 <Was das anbetrifft>, was mir jetzt richtig erscheint, so wirst du, wenn du dagegen sprichst, umsonst sprechen. – 264.1 Ich biete gleichermaßen sowohl einem Reichen wie auch einem Armen an mich zu fragen. 264.2 Ich werde euch gewichtige Beweise dafür liefern, nicht Worte, sondern, was ihr <besonders> anerkennt, Taten. – 266.1 Man muss erdulden, wenn der Staat etwas zu erdulden befiehlt. 266.2 Ich habe Folgendes erlebt: Diejenigen, die besonders angesehen waren, schienen es mir fast am armseligsten zu sein, als ich gemäß dem Gott Untersuchungen anstellte. – 269 Hör endlich auf, mir andauernd (oft) dasselbe Argument zu nennen. – 270.1 Ich bin überzeugt, keinem Menschen absichtlich unrecht getan zu haben, aber ich überzeuge euch nicht davon. 270.2 Ich bin nicht erst jetzt, sondern <war> schon immer so, dass ich keinem anderen meiner <Gedanken> Folge leiste als dem Gedanken, der mir beim Nachdenken am besten erscheint. – 272 Darüber, wie denn die Athener sich mir gegenüber verhalten, bin ich gar nicht begierig einen Versuch zu wagen. – 274.1 Ich habe dort Freunde, die dich sehr achten werden. 274.2 Ich erkannte nun wiederum auch bei den Dichtern in kurzer Zeit [dies], dass sie nicht aufgrund von Wissen dichten, was sie dichten. – 275 Meletos behauptet, ich sei ein Erfinder von Göttern. – 280 Als Chairephon einmal nach Delphi kam, wagte er es dem Orakel dies als Frage zu stellen. – 283.1 Aber, Sokrates, was ist deine Betätigung? 283.2 Ausgelacht zu werden ist vielleicht nicht von Bedeutung. – 284.1 Wenn jemand hören wollte, wie ich rede und meine Aufgabe ausführe, sei es ein Jüngerer, sei es ein Älterer, dann habe ich mich keinem verweigert. 284.2 Willst (Wirst) du behaupten, dass du gerecht handelst, wenn du das tust? – 286 Bevor ich sterben musste, war dieses Argument gut gesagt, jetzt aber hat sich also herausgestellt, dass es des Arguments wegen gesagt wurde, in Wirklichkeit aber <nur> Spaß war? – 288 Sokrates hat erkannt, dass er in Wahrheit nichts wert ist in Bezug auf die Weisheit. – 290 Mir ist, wie ich sage, von dem Gott befohlen worden, dies zu tun. – 294.1 Wie meinst du das, Meletos? 294.2 „Es gibt ein Geliebtes und davon verschieden ist ein Liebendes, nicht wahr?" — „Wie denn sonst (nicht)?" – 297.1 Aber ich werde versuchen, es deutlicher zu sagen. 297.2 Ich werde bei vielen, die mich und dich nicht genau kennen, den Eindruck erwecken, dass ich, obwohl ich in der Lage wäre, dich zu retten, wenn ich Geld ausgeben wollte, es unterlassen (vernachlässigt) habe. – 298 Vielleicht scheinst du dich <nur> selten anzubieten und nicht bereit zu sein, deine Weisheit zu lehren. – 299.1 Von Anfang also müssen wir wieder prüfen, was das Fromme ist. 299.2 Los, lass uns überlegen, was wir behaupten. – 300 Ist es also am Besten für

mich, bewundernswerter Euthyphron, dein Schüler zu werden? –
304.1 Wenn nun auch dir, der du darüber Bescheid weißt, dies richtig
erscheint, dann sind auch wir gezwungen es zuzugeben. 304.2 Würdest auch du diesem zustimmen, dass du, wenn du etwas Frommes
tust, einen der Götter besser machst? – 305 Du aber hast es gemieden
mit mir zusammenzukommen und mich zu unterrichten und warst
nicht bereit dazu. – 308 Denn niemand (keiner der Menschen) wird
am Leben bleiben, der sich euch oder irgendeiner anderen Volksmenge widersetzt. – 309 Wo sich einer aufgestellt hat oder von einem
Herrscher aufgestellt worden ist, dort muss man bleiben und die Gefahr ertragen, ohne auf den Tod oder irgendetwas anderes außer dem
Schändlichen Rücksicht zu nehmen. – 311 Diese, von denen ich eben
gesprochen habe, könnten vielleicht weise sein im Sinne einer Weisheit, die größer ist als die beim Menschen. – 313 Sokrates, wir haben
starke Anzeichen dafür, dass sowohl wir dir gefallen haben als auch
die Stadt. – 314 Morgen wirst du, Sokrates, dein Leben beenden müssen. – 315.1 Scheint es dir nicht hinreichend gesagt, dass man nicht
alle Meinungen der Menschen respektieren muss, sondern die einen
ja, die anderen nicht? 315.2 Noch im Prozess selbst wäre es dir möglich gewesen die Verbannung zu beantragen, wenn du gewollt hättest.
– 316 Jener weiß, wie er behauptet, auf welche Weise die jungen Leute
verdorben werden und wer die Leute sind, die sie verderben. – 317.1
„Aber", könnte jemand behaupten, „die Mehrheit ist in der Lage uns
zu töten." 317.2 Es wäre ein ziemlich großes Glück für die jungen Leute, wenn nur einer sie verdirbt, die anderen aber ihnen nützen. 317.3
Wenn ich behaupten könnte, in irgendetwas weiser zu sein als jemand, dann möglicherweise darin, dass ich, weil ich nicht genug über
die Verhältnisse im Hades weiß, deshalb auch nicht glaube <etwas
darüber> zu wissen. – 323 Werden deine Kinder, wenn sie hier groß
werden, besser groß werden und erzogen werden, wenn du nicht bei
ihnen bist? – 325 Welchen Nutzen haben die Götter von den Gaben,
die sie von uns empfangen? – 328 Mit denen, die für Freispruch gestimmt haben, würde ich mich gerne über dieses Ereignis, das passiert
ist, unterhalten. – 330.1 Sokrates tut Unrecht, indem er sowohl Dinge
unter der Erde als auch Himmelserscheinungen untersucht, das
schwächere Argument zum stärkeren macht und dies[selbe] anderen

beibringt. 330.2 Und wenn ihr dies macht, werde ich für meine Person von euch Gerechtigkeit erfahren und meine Söhne auch. – 331 Und wenn sich zeigt, dass wir gerade Ungerechtes tun, dann darf man nicht Rücksicht darauf nehmen, ob wir sterben oder irgendetwas anderes erleiden müssen, wenn wir hier bleiben und uns ruhig verhalten. – 333 Du tust, was der nichtsnutzigste Sklave tun würde. – 334.1 Ich bringe eine unangenehme Nachricht, Sokrates. 334.2 Ihr, die ihr meine Mitbürger seid, wart nicht in der Lage, meine Beschäftigungen und Reden zu ertragen; werden also andere sie leicht ertragen? Weit gefehlt, ihr Männer von Athen! – 335.1 Hoffentlich werde ich von Meletos nicht mit so schweren Anklagen verklagt! 335.2 Denn dass deine Angehörigen auch selbst Gefahr laufen werden, verbannt und ihrer Heimatstadt beraubt zu werden oder ihr Vermögen zu verlieren, das ist so ziemlich klar. 335.3 Wovon ich nicht weiß, ob es <vielleicht> sogar gut ist, davor werde ich niemals Angst haben noch werde ich es meiden. – 336 Dies, glaube ich, wagen die, die ein Unrecht getan haben, nicht zu sagen oder zu behaupten, dass sie, wenn sie ein Unrecht begangen haben, nicht bestraft werden müssen, sondern ich glaube, sie behaupten, dass sie gar kein Unrecht begangen haben. – 338 Welche Meinung könnte schändlicher sein als diese: Geld höher zu achten als Freunde? – 339 Wenn das so geschehen ist, wie du behauptest, fürchtest du da nicht, wenn du gegen deinen Vater prozessierst, dass du wiederum eine gottlose Tat begehst? – 342 Du glaubst doch wohl nicht, dass Achill sich um Tod oder Gefahr gekümmert hat? – 344 Ist nur einer in der Lage, die Pferde besser zu machen, oder ganz wenige, die Pferde-Experten, die Vielen aber verderben sie, wenn sie mit Pferden zusammen sind und sich ihrer bedienen? – 345 Ich kann euch auch <noch> viele andere nennen, von denen Meletos irgendeinen in seiner Rede als Zeuge besonders hätte aufbieten müssen. – 348.1 Wer dies sagt, lügt und sagt es zu meiner Verleumdung. 348.2 Ich wusste, ich würde herausfinden, dass diese Handwerker viel Gutes wissen. Und darin habe ich mich nicht getäuscht. – 351.1 Sie fürchten den Tod, als ob sie wüssten, dass er das größte der Übel ist. 351.2 Um dich zu verleumden zieht Meletos vor Gericht. 351.3 Aber, wunderlicher Sokrates, gehorche mir auch jetzt noch und lass dich retten; denn für mich ist das, wenn du stirbst, nicht ein einfaches Unglück.

Belegstellenverzeichnis

2a 62, 217 **b** 63, 229.2
  c 50.5, 316 **d** 248.4
3a 47 **b** 64.2, 275, 351.2
  b-c 188 **c** 204, 283.2
  d 272, 298
4a 156.1 **b** 34 **e** 339
5a 170, 300
6a-b 304.1 **d** 100.1, 134
  e 57
7a 35, 50.4, 148, 299.2
  b 58.2 **c** 80.1 **d** 50.3
  e 19, 108
8a 41, 144 **b** 146.2,
  240.2 **c** 252.1 **c-d** 336
  d 22 **e** 83
9a 82.1 **c** 20.1 **e** 23.3
10a 1.2, 201.1, 241.1,
  294.2, 297.1 **d** 146.1
11b 46.2 **d** 208 **e** 238.1
12c-d 179.1 **d** 58.1
13a 175 **c** 304.2
14b 37.1, 93.2 **c** 74.1,
  262.1 **e** 325
15a 33 **b** 161.1 **c** 299.1
  d 23.1
17a 197.2, 231, 245.1
  a-b 68.2 **b** 13.1
  c-d 13.2 **d** 224.2
18a 43.1, 190 **c** 153.1
19a 101 **b** 77 **b-c** 330.1
  c 335.1 **d** 243.1,
  248.1 **e** 131.1
20c 283.1 **d** 96, 151.3
  d-e 311 **e** 151.1, 176,
  348.1
21a 98.3, 107, 280 **b**
  82.2 **b-c** 112.2
  c 229.1, 235 **d** 227.1
21e-22a 31

22a 266.2 **b** 16, 20.2
  b-c 274.2 **c** 10
  c-d 138 **d** 29, 348.2
23a 112.1, 193.2
  b 224.1, 288
24a 78 , 230 **b** 49, 178
  b-c 5 **d** 74.2, 184
  e 294.1
25a 156.2, 186, 197.1
  b 317.2, 344 **d** 100.2,
  111 **d-e** 94.2 **e** 161.2
26a 305
27a 61 **c** 64.1, 131.2
  d 65
27e-28a 221.1
28a 240.1 **a-b** 9.1
  d 309, 342
28d-29a 68.1
29a 67, 227.2, 248.3,
  351.1 **b** 80.2, 317.3,
  335.3 **c** 51, 135 **d** 12,
  245.2 **e** 137
30b 43.2 **c** 55, 114, 251
  c-d 185 **d** 38.1
  e 93.1
31d 37.2, 247.1 **e** 308
32a 264.2 **a-b** 46.1
  b 215 **c-d** 119 **d** 76
33a 60.2, 284.1 **a-b** 196
  b 201.2, 264.1
  b-c 210 **c** 290 **c-d** 81
34a 118, 345 **a-b** 141
  b 38.2 **c** 252.2 **e** 249
35a 247.2 **b-c** 69
  c 187.1 **c-d** 241.2
  d 195
36a 60.1 **c** 94.1
37a 270.1 **a-b** 23.2
  b 187.2 **c-d** 334.2

  d 153.2
38a 54, 151.2, 163
  c 98.1 **c-d** 189 **d** 160
39c-d 243.2 **e** 328
40a 205, 219 **b-c** 100.3
  c 117
41b 50.2, 125 **d** 1.1, 30
41e-42a 330.2
42a 32
43 b 168 **c** 334.1 **c-d** 52
  d 314
44b 351.3 **b-c** 297.2
  c 338 **d** 24, 212 **e** 206
45a 17, 193.1, 240.3
  c 127, 150, 274.1
  d 9.2
46a 56, 238.2 **b** 105,
  270.2 **c** 240.4
  d 225.2, 286 **e** 172
47a 315.1 **c-d** 91 **d** 157
48a 130, 317.1 **b** 226
  c 95 **c-d** 155.2 **d** 331
  e 269
49b 11, 155.1 **c** 246
  d 90
50a 124, 221.2, 232
  b 140 **c** 225.1, 248.2
  d-e 258 **e** 60.3
51a 284.2 **b** 266.1
  b-c 50.1
52b 313 **c** 315.2 **d** 333
  e 98.2
53b 335.2 **b-c** 84 **c** 28,
  220 **d** 262.3
54a 323 **b** 179.2, 255 **d**
  262.3

Phaidon **70b** 245.3

Grammatische Aufschlüsselung

AcI (Akkusativ mit Infinitiv) 5,
23.3, 64.2, 95, 98.1, 100.3, 112.1,
146.2, 153.1, 185, 204, 224.1,
238.1, 240.2, 241.2, 248.3, 249,
275, 314

Akkusativ
doppelter 19, 62, 65, 74.2, 108,
141, 161.2, 186, 229.2, 241.2,
270.1, 304.2, 330.1, 344
Graecus/limitationis 10, 29,
112.1, 130, 311
spatii 23.2, 210

Antwortformen 41, 65, 111, 148,
155.1, 197.1, 201.1, 294.2

attributive Wortstellung 13.2, 24,
37.1, 43.2, 49, 84, 91, 153.2, 170,
178, 90, 205, 224.2, 258, 262.2

Begehrsätze 12, 68.2, 94.1, 137,
238.2, 248.4, 339

Dativ
auctoris 31, 83, 130, 155.2,
299.1
causae 274.2
commodi 11, 43.2, 54, 82.2, 84,
163, 195, 227.2, 300
ethicus 114, 161.1, 176, 208, 226
instrumentalis 100.1, 119, 140,
235
limitationis 80.2, 317.3
modalis 11
Objekt 16, 57, 90, 98.2, 100.1,
101, 117, 119, 141, 146.2,
195, 205, 219, 229.1, 232,
258, 264.1, 270.2, 284.1, 290,
305, 313, 328, 339
possessivus 12, 23.2, 274.1, 313,
325

Diathesen 34, 43.1, 76, 80.1, 83,
100.2, 105, 127, 153.2, 156.1,
245.1, 246, 283.2, 290, 308, 309,
335.1, 339

Elision 1.2, 17, 23.2, 60.2, 61, 68.2,
100.3, 151.3, 160, 201.2, 210,
227.2, 230, 247.1, 248.1+3,
317.1, 330.2, 331

Ellipse 23.2, 24, 32, 37.1, 41, 43.1,
54, 56, 58.1, 83, 101, 105, 130,
155.2, 157, 179.1, 201.2, 283.2,
304.1, 314, 316, 317.3

figura etymologica 46.1, 63, 84,
193.1, 339

Finalsätze 20.2, 82.1, 179.2

Fragesätze
direkte
disjunktive 65, 91, 111,
155.1, 232, 241.1
Entscheidungsfragen 12, 28,
33, 34, 41, 50.3, 52, 58.2,
60.3, 61, 100.2, 108, 140,
148 156.2, 161.1, 172,
179.1, 184, 197.1, 201.1,
258, 286, 294.2, 300,
315.1, 339, 342, 344
Wortfragen 50.2, 74.2, 80.1,
210, 217, 221.2, 283.1,
294.1, 325

(Fragesätze)
  indirekte
    disjunktive 43.1, 105, 155.2, 331
    Entscheidungsfragen 98.3, 238.1
    Wortfragen 20.2, 22, 31 46.2, 96, 130, 151.1, 156.1, 168, 245.1+3, 272, 299.1+2, 316
  verschränkte 77, 80.1

Genitiv
  comparationis 80.2, 98.3, 138, 193.1, 240.4, 338
  criminis 134, 187.2, 315.2
  mit ἐστίν 43.1, 221.2
  obiectivus 60.2, 204, 264.2, 275
  als Objekt 12, 43.1, 69, 94.1, 168, 231, 248.4, 342
  partitivus 13.2, 19, 34, 50.2, 58.1, 81, 84, 94.1, 100.1, 146.2, 161.2, 215, 221.1, 224.1, 225.2, 227.2, 245.2, 249, 252.2, 255, 270.2, 304.2, 308, 345, 351.1
  possessivus 50.5, 141, 150, 179.2, 335.2
  separativus 30, 153.2, 335.2
  subiectivus 24, 49, 91, 315.1
  temporis 163

Hyperbaton 1.1, 20.1, 50.5, 60.3, 84, 117, 127, 176, 197.2, 283.1, 313, 315.1, 317.2, 334.1, 344

Imperativ 17, 46.2, 56, 58.1, 74.2, 82.1, 101, 114, 156.2, 178, 179.2, 201.2, 206, 221.2, 238.1+2, 240.1+4, 241.1+2, 248.2, 269, 299.2, 351.3

Indikativ in nicht realer Funktion 98.2, 231, 315.2, 345

Infinitive
  absoluter 270.1
  bei unpersönlichen Ausdrücken 9.2, 22, 23.2, 24, 28, 32, 43.1, 68.1+2, 69, 160, 246, 255
  finaler 215, 264.1
  imperativisch 13.2
  substantiviert 11, 29, 67, 179.2, 225.1, 283.2

Irrealis 160, 208, 231, 262.1

Kasus-Unterschiede zum Deutschen 5, 37.1, 43.1, 47, 55, 63, 64.1, 69, 94.2, 221.1, 339

Kausalsätze 131.2, 241.1, 248.3

Komparation 1.2, 12, 29, 30, 50.4, 55, 84.1, 94.1, 98.3, 118, 137, 138, 157, 160, 163, 185, 193.1, 195, 212, 217, 219, 220, 227.2, 240.4, 243.2, 248.4, 255 266.2, 270.2, 284.1, 297.1, 300, 304.2, 311, 317.3, 330.1, 333, 338, 344

Konditionale Perioden
  Eventualis/Prospectivus 55, 84, 93.1, 95, 161.2, 176, 193.1, 240.4, 262.3, 330.2, 331, 351.3
  Irrealis 23.2, 37.2, 76, 98.2, 117, 297.2, 315.2
  Iterativus
    der Ggw. 93.2, 204, 212, 224.1, 247.1+2, 266.1, 344
    der Vgh. 205, 284.1
  Mischformen 50.3, 131.1
  Potentialis 68.1

(Konditionale Perioden)
   Realis 57, 58.1, 64.1, 91, 201.2,
     227.2, 304.1, 335.3, 336
Kongruenz, auffällige 10, 112.2,
   220, 300
Konjunktiv im Hauptsatz
   adhortativus 49, 95, 299.2
   dubitativus 151.1
   prohibitivus 155.2, 176
Konsekutivsätze 84, 161.2, 270.2
Konzessivsätze 98.1, 246
Krasis 1.2, 16, 43.1, 50.4, 96, 118,
   161.1, 186, 229.1+2, 240.3,
   248.1
Negationenhäufung 1.1, 249, 251,
   255, 308, 309, 331
Optativ
   cupitivus 335.1
   obliquus 20.2, 94.1, 229.1,
     274.2, 348.2
   Potentialis 9.2, 23.3, 38.1+2,
     60.3, 80.1, 125, 150, 219,
     221.1, 245.3, 248.2+3, 251,
     304.2, 311, 317.1, 328, 333,
     338
Partizipien
   AcP 131.2, 247.2, 348.2
   adverbial
     absolutes Partizip 74.2, 74.2,
       127
     genitivus absolutus 20.1, 52,
       68.1, 323, 339
     participium coniunctum
       1.1, 5, 28, 47, 50.5, 67,
       68.1+2, 69, 77, 94.1, 111,
       134, 138, 150, 155.2, 168,
       187.2, 188, 193.1, 196,
       227.1, 230, 240.3, 255,
       258, 266.2, 280, 284.2,
       309, 317.3, 323, 330.1,
       331, 334.2, 339, 351.1
     final 32, 112.2, 351.2
   attributiv 117, 141, 205, 221.1,
     247.1, 258, 304.1, 328
   GcP 13.2, 61, 243.1, 284.1
   NcP 210
   prädikativ/als Ergänzung zum
     Prädikat 11, 125, 134, 163,
     227.2, 245.2, 252.1, 269, 325,
     331, 335.3, 339
   substantiviert 11, 22, 31, 34,
     60.1, 77, 91, 112.1+2, 130,
     153.1, 155.2, 157, 161.2,
     179.2, 188, 189, 190, 240.4,
     243.2, 248.2, 262.3, 266.2,
     294.2, 316, 328, 336, 344
   Verschränkungen 52, 77, 80.1,
     240.3
Prädikativa 215, 345
Präpositionen: Anastrophe 272
Prolepse 31, 137, 201.1, 226, 238.2,
   248.4, 348.2
Relativsätze
   attractio/assimilatio relativi
     114, 124, 140, 178, 232, 325
   Attributsätze, echte 37.1, 100.3,
     240.3, 243.1, 274.1, 297.2,
     325
   Attributsätze, scheinbare 9.2,
     23.3, 33, 38.2, 96, 108, 112.1,
     134, 150, 160, 219, 240.2,
     241.2, 247.1, 262.3, 311
   Objektsätze 138, 144, 264.2,
     274.2, 333, 335.3
   relativischer Satzanschluss
     240.4

(Relativsätze)
    Subjektsätze 9.1, 50.1, 155.2,
        219, 240.1, 248.1, 348.1
    verallgemeinernde 23.3, 50.1,
        112.1, 201.2, 240.2, 245.2,
        247.1, 270.2, 309
Substantivierungen
    von Adjektiven 16, 23.3, 37.1,
        50.1, 94.2, 118, 119, 130,
        146.1, 161.2, 163, 170, 179.2,
        186, 187.2, 197.1+2, 201.2,
        205, 212, 227.2, 241.1, 247.2,
        299.1, 304.2, 309, 330.2, 331
    von Adverbien 94.2, 125, 240.1
    von Fragesätzen 22, 58.1
    von Präpositionalausdrücken
        58.1, 330.1
    von Pronomina 94.1, 241.1,
        284.1
Temporalsätze 23.1, 60.3, 94.1,
    188, 247.1+2, 286, 304.2

Verbaladjektive 16, 23.1, 31, 50.1,
    54, 83, 101, 130, 155.2, 157,
    299.1
Verbalaspekte/Tempora
    Aorist 1.1, 9.2, 10, 20.1, 23.1, 35,
        46.1, 49, 60.2+3, 161.2, 176,
        201.2, 240.3, 274.2, 280, 305
    Futur 51, 90, 187.1, 243.2,
        284.2, 297.2, 330.2, 334.2
    Imperfekt 20.2, 29, 68.2, 77,
        98.2, 100.1, 155.2, 170,
        197.2, 229.1, 230, 258
    Perfekt 9.1, 13.2, 30, 52, 56,
        58.2, 60.1, 81, 151.3, 161.2,
        187.1, 187.2, 197.2, 212, 217,
        219, 230, 243.1, 245.1, 247.2,
        258, 270.1, 288, 290
    Plusquamperfekt 37.2, 262.1
    Präsens 1.1, 9.2, 43.2, 56, 64.2
Vergleichssätze 35, 101, 151.2,
    157, 339

Der Wortschatz in absteigender Häufigkeit

1420	ὁ, ἡ, τό	114	ἡμεῖς
1003	καί	114	οὖν
520	εἰμί	113	θεός
482	οὐ, οὐκ, οὐχ(ί)/μή	111	ποιέω
474	ἐγώ	107	ἐν
437	οὗτος	102	ἀνήρ
329	δέ	99	δοκέω
292	λέγω	99	οὔτε/μήτε
254	ὦ	94	περί
249	ἄν	94	φημί
239	γάρ	91	οἴομαι/οἶμαι
229	τις, τι	88	ἀγαθός
227	ἀλλά	86	πᾶς
224	αὐτός	83	γίγνομαι
206	ὅς, ἥ, ὅ	83	ἔχω
201	ἤ	80	οὐδέ/μηδέ
193	σύ	80	οὕτω(ς)/οὑτωσί
187	μέν	75	νῦν/νυνδή/νυνί
176	εἰ/εἴπερ	75	ὅσιος
163	ὅτι	70	δίκαιος
161	ὡς	69	οἶδα
158	ἄλλος	68	τοιοῦτος
146	πολύς	64	δέω
142	γε	63	πρός
140	τε	61	ὑπό
140	ὑμεῖς	60	ἐάν
130	δή	60	ἐκεῖνος
120	τίς; τί;	58	ἄνθρωπος
117	οὐδείς/μηδείς	52	λόγος

51	μάλα	30	πάσχω
51	πόλις	29	βούλομαι
50	πείθω	29	διδάσκω
48	ἀληθής	29	ἑαυτοῦ
48	ἐπί	29	εἴτε – εἴτε
48	οἷος	29	ἐπεί/ἐπειδή
47	ὥσπερ	29	ἵνα
45	καλός	29	τυγχάνω
44	εἰς	28	εὖ
44	πράττω	28	θάνατος
42	διά	28	πατήρ
42	κακός	28	που
42	ὅστις	27	αὖ/αὖθις
42	σοφός	27	κατά
40	πάνυ	26	φαίνομαι
39	ἀδικέω	25	δῆλος/κατάδηλος
39	ἀκούω	25	ἐμαυτοῦ
39	ἐκ/ἐξ	24	ἄρα
38	ἀποθνήσκω	24	εἷς
38	ἆρα	24	ἔοικα
36	μέγας	24	ἔτι
36	φιλέω	24	ἤδη
35	διαφθείρω	24	ὀρθός
34	ἴσως	23	ἀποκτείνω
34	ὥστε	23	ἐμός
33	νόμος	23	ὁμολογέω
33	παρά	23	ποτε
32	δίκη	23	πρᾶγμα
32	νέος	23	σκοπέω/ἐπισκοπέω
32	ὁράω	23	σός
32	ὅσπερ	22	ἄδικος
31	νομίζω	22	ἀνόσιος
30	ἡγέομαι	22	ἀποκρίνομαι

22	διαφέρω	17	λαμβάνω
22	ἕτερος	17	μανθάνω
22	μέντοι	17	πότερον ... ἤ
22	φίλος	16	ἔργον
21	ἄγω	16	ἱκανός
21	ἐπιχειρέω	16	κινδυνεύω
21	μετά	16	μένω
21	ὅδε	16	οὐκοῦν
21	χρῆμα	16	ὑπέρ
21	χρόνος	15	ἀπέρχομαι
20	ἀλλήλων	15	ἀπολογέομαι
20	ὀλίγος	15	ἀρετή
20	ὅπως	15	βίος
20	σεαυτοῦ	15	δικαστής
20	τιμάω	15	κατηγορέω
20	τοι/τοίνυν	15	μόνος
19	ἅπας/σύμπας	15	παῖς
19	δέομαι	15	τοσοῦτος
19	δόξα	14	ἀρχή
19	εἶμι	14	γραφή
19	ἐρωτάω	14	δεινός
19	Ζεύς	14	δίδωμι
19	σοφία	14	ἐκεῖ
19	φέρω	14	ὅσος
18	ἐπιμελέομαι	14	πῶς
18	ἔρχομαι	13	αἱρέω
18	θεοφιλής	13	ἄξιος
18	μέλλω	13	γράφω
18	πρῶτος	13	δείδω
18	χρή	13	κατήγορος
17	ἐθέλω/θέλω	13	μικρός/σμικρός
17	ἐναντίος	13	πειράομαι
17	ζήω	13	πώποτε

13	ῥάδιος	10	ἀφίημι
13	τρόπος	10	ἀφικνέομαι
13	φοβέομαι	10	διαλέγομαι
13	χαλεπός	10	δύναμαι
12	ἀλήθεια	10	ἕνεκα
12	διαβολή	10	ἐνταῦθα
12	διότι	10	ἐξέρχομαι
12	ἕκαστος	10	ἔξεστι
12	ἐνθένδε	10	ἔπειτα
12	ἐργάζομαι	10	ἐπεξέρχομαι
12	ἤ	10	θαυμάσιος
12	θαυμάζω	10	θεραπεία
12	θεῖος	10	μέλει
12	νοῦς	10	μέρος
12	οἰκεῖος	10	ὄνομα
12	ὅμως	10	πάλαι
12	πρότερον	10	πολλάκις
12	σαφής	10	σύνειμι
12	υἱός/ὑός	10	τότε
11	αἰσχρός	10	φόνος
11	ἀνάγκη	9	ἀδελφός
11	ἀπό	9	ἀεί
11	δήπου	9	αἰσχύνομαι
11	δικαστήριον	9	ἄρχω
11	ἐξετάζω	9	γιγνώσκω
11	ἐπίσταμαι	9	ἐνδείκνυμι
11	ἥκω	9	ἔνθα
11	ἵππος	9	ἐνθάδε
11	παιδεύω	9	εὑρίσκω
11	παρέχω	9	ἡδύς
11	σῴζω	9	καίτοι
10	ἀμφισβητέω	9	ναί
10	ἀπόλλυμι	9	νύξ

9	ὁστισοῦν	8	πολιτικός
9	οὐδαμῶς/μηδαμῶς	8	πρόσθεν/ἔμπροσθεν
9	πάρειμι	8	ταύτῃ
9	ποιητής	8	τελευτάω
9	πρεσβύτερος	8	φροντίζω
9	τρέφω/ἐκτρέφω	7	ἀγανακτέω
9	φεύγω	7	ἀπαλλάττομαι
8	αἰδώς	7	ἀριθμός
8	ἄκων	7	ἀτεχνῶς
8	ἀρέσκω	7	βλάπτω
8	ἄρτι	7	ἐάω
8	βιόω	7	εἶεν
8	βουλεύομαι	7	ἑκών
8	δαιμόνιον	7	ἐλέγχω/ἐξελέγχω
8	δαίμων	7	ἐμμένω
8	δέος	7	ἐννοέω
8	δεῦρο	7	θορυβέω
8	δικάζω	7	ἰδίᾳ
8	εἰσάγω	7	καταγελάω
8	εἴωθα	7	μὰ Δία
8	ἐναντιόομαι	7	μισέω
8	ἐπειδάν	7	ὁσιότης
8	ἐπιτήδειος	7	πατρίς
8	ἑταῖρος	7	παύω
8	ζητέω	7	περιέρχομαι
8	ἡμέρα	7	πρίν
8	ἡμέτερος	7	προστάττω
8	ἥττων	7	τεκμήριον
8	καταψηφίζομαι	7	ὑπηρετικός
8	κελεύω	7	φαῦλος
8	κίνδυνος	7	ὠφελέω
8	ξένος	6	αἰσθάνομαι
8	ὅπῃ	6	ἅμα

6 ἀμελέω
6 ἀξιόω
6 ἀποφεύγω
6 διαβάλλω
6 ἐπαῖω
6 ἐπιθυμέω
6 ἐχθρός
6 ἤ
6 ἡσυχία
6 θεομισής
6 θεραπεύω
6 ἱππικός
6 κρίνω
6 μάρτυς
6 μήτηρ
6 (ἀνα-)μιμνήσκομαι

6 νή
6 ὁμολογία
6 ὅταν
6 πρό
6 πως
6 συγχωρέω
6 σφόδρα
6 σχεδόν
6 τάττω
6 τάχα
6 τολμάω
6 φάσκω
6 φράζω
6 χράομαι
6 ψεύδομαι
6 ὧδε